26 DINGE ZU STAUNEN IN DER SCHWEIZ

Tatiana Tissot

ISBN: 978-2-940481-18-7
Verlag: Helvetiq
Grafik: Florian Bellon
Lektorat: Jean-Paul Käser, Jorg Nasri
Übersetzungen: Christine Guttenthaler
Erste Ausgabe: Juli 2016

Foto Kredit

KEYSTONE

&

James Rinaldi (Lac de Tanay)
Claudia Link (Gandria, Morcote, Carouge)
Jura Tourisme (Saint-Ursanne)
Y. Eigenmann (Greyerz)

Merci / Danke / Grazie / Thank you
Jean-Paul Käser, Laurent Gilliéron, Sabine Faust
Kira Gudenrath, Filipe Dos Santos

Hinterlegung eines Pflichtexemplars in der Schweiz
Juli 2016
Schweizerische Nationalbibliothek, Bern.

www.helvetiq.ch

26 DINGE ZUM STAUNEN IN DER SCHWEIZ

20
15
12
22
10
8
13
2
9
1
24
16
26
21
3
6
17
4
11
5
25
19
7
18
14
23

INHALTSVERZEICHNIS

Haben Sie auch gestaunt?
Teilen Sie Ihre Erlebnisse
#26DINGE

1 PILATUS

PANORAMA ZWISCHEN SEE UND ALPEN

Worum es geht: Der Pilatus ist ein 2132 Meter hohes Bergmassiv in der Region von Luzern in der Zentralschweiz. An klaren Tagen entfaltet sich am Gipfel ein atemberaubendes Panorama. Der Vierwaldstättersee spiegelt dann das Blau des Himmels, und die Berge der Umgebung scheinen direkt in seinem Wasser verwurzelt zu sein.

Hat der Besucher das Wetter auf seiner Seite, kann er 73 Alpengipfel zählen! Wenn man den Kopf wendet, entdeckt man eine andere Seite des Landes. Das Schweizer Mittelland erstreckt sich fast unendlich weit, so flach, dass es einen auffallenden Kontrast bietet.

Ergänzen Sie den Ort mit ein paar Legenden aus der Umgebung, mit Drachen oder den sterblichen Überresten von Pontius Pilatus und Sie erhalten ein lohnendes touristisches Reiseziel! Bonus: Mit etwas Glück bekommen Sie am Gipfel sogar ein Alphornkonzert zu hören.

Warum dieses Ziel? Wegen der Aussicht! Wenn man einmal dort angekommen ist, kann man wandern und sich so ein bisschen von der sehr gut besuchten Bergstation Pilatus Kulm entfernen. Man muss sich für eine Seite entscheiden: Manche essen an der Bar eine Wurst, andere bevorzugen ein Picknick in der Natur inmitten der Schweizer Postkartenlandschaft – mit der Hoffnung, Steinböcke begrüßen zu können.

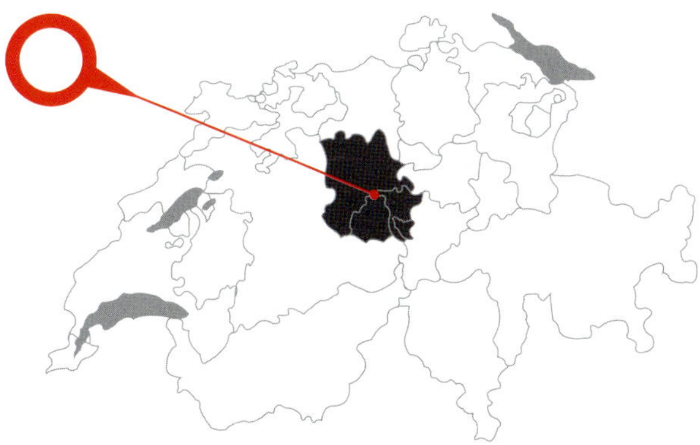

DER PILATUS

Wie man hinkommt: Es gibt zwei Möglichkeiten, um zum Gipfel des Pilatus zu kommen. Den Weg der Sportlichen und den der Weisen. Zu Fuß dauert die Wanderung drei Stunden und, Waden aufgepasst, da geht's steil rauf! Für einen erholsameren Tag bieten sich zwei Transportmittel an: Die Zahnradbahn, die sich damit rühmt, die steilste der Welt zu sein, bringt Sie in einer halben Stunde vom Bahnhof in Alpnachstad auf den Gipfel.

Auf der anderen Bergseite stellt die Seilbahn ab Kriens die Verbindung zum Pilatus sicher. Ein Pass ermöglicht es Ihnen, quasi den Königsweg zu nehmen und die beiden Transportmittel zu einer Rundfahrt zu verbinden, und dies sogar mit einem Bonus: einer Bootsfahrt ab Luzern.

Was es noch zu sehen gibt: Verpassen Sie die Altstadt von Luzern und die Rütliwiese, einen äußerst symbolträchtigen Ort, nicht. Nach den Gründungsmythen der Schweiz ist dies der Ort, wo im Jahr 1291 der Gründungsvertrag der Schweizer Eidgenossenschaft unterschrieben wurde. Außerdem startet in Alpnachstad ein anstrengender Mountainbike-Parcours: o-tour Bike West.

DIE STEILSTE ZAHNRADBAHN DER WELT

Die Pilatus-Zahnradbahn kann sich damit rühmen, dass sie steilste der Welt ist, mit einer Steigung von 48 Prozent auf dem steilsten Abschnitt! Die durchschnittliche Steigung der Bahn beträgt 38 Prozent. Die Bahn wurde im Jahr 1889 eröffnet und zunächst mit einer Dampflokomotive betrieben, bevor man im Jahr 1937 auf Strom umstellte. Sie führt ihre Reisenden durch Alpwiesen zum Gipfel; während der Fahrt entlang der Felsen kann es einem direkt schwindlig werden!

2 CREUX DU VAN

EIN TALKESSEL UMGEBEN VON STEILWÄNDEN

Worum es geht: Der Creux du Van liegt im Val-de-Travers im Kanton Neuenburg und ist ein beeindruckender Felskessel, der von Gletschern und Bächen geformt wurde. Das obere Ende des spektakulären Halbrunds aus Steilwänden bietet einen grandiosen Blick über die Weite der Juralandschaft.

Es kann einem leicht schwindlig werden, vor allem, sobald man einen Blick nach unten wirft. Der Besucher hat viel Zeit, um die Aussicht zu bewundern, während er zu Fuß dem Felsengrat entlangspaziert; der Weg entlang des Halbrunds flirtet immerzu mit den Abgrund.

Umgeben von 160 Meter hohen Felsen misst der Talkessel mehr als einen Kilometer im Durchmesser. Wer Glück hat, wird Steinböcke oder Gämsen zu sehen bekommen, diese agilen Bewohner der Berge. Peilen Sie den Gipfel des Soliat an, der Rundblick auf den Neuenburgersee ist von dort am beeindruckendsten.

Wie man hinkommt: Diejenigen, die ihre Beine bewegen wollen, werden den Höhenunterschied von 700 Meter ab dem Bahnhof von Noiraigue bewältigen. Andere parken ihr Auto einfach unweit des Gipfels. Dort kann man im Restaurant »Le Soliat« speisen, nur wenige hundert Meter von der Sehenswürdigkeit entfernt. Die Herberge bietet auch Schlafgelegenheiten. Informationen für Wanderer: Zwei Wege führen von Noiraigue zum Talkessel: der »Sentier des 14 Contours« über Les Oeillons sowie der anspruchsvollere »Sentier du Single«, der am Berggasthof »Ferme Robert« vorbeiführt.

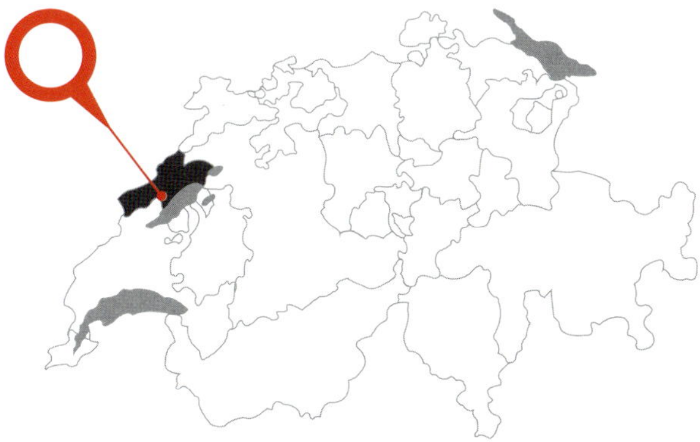

DER CREUX DU VAN

Was es noch zu sehen gibt: Man hat die Qual der Wahl: Man kann den Rest des Tages mit einer schönen Wanderung in der Schlucht der Areuse, zwischen Noiraigue und Boudry, verbringen. Drei Stunden lang folgt man dem Flusslauf und überquert den Fluss auf Steinbrücken.

Bei einer Bierwanderung* kann man die Wanderung sogar in einer kleinen Privatbrauerei in Cortaillod beenden, mit einem »Wyvern« in der Hand! Eine weitere Sehenswürdigkeit ganz in der Nähe sind die stillgelegten Asphaltminen von Travers, die der Öffentlichkeit zugänglich sind. Auch die Altstadt von Neuenburg ist nur einen Katzensprung entfernt.

DAS TAL DES ABSINTH

Das Val-de-Travers ist angeblich der Geburtsort des Absinth, des alkoholischen Kräutergetränks, das auch als »grüne Fee« bekannt ist. Seine Herstellung geht ins 18. Jahrhundert zurück; bis zum Jahr 1910 wurde das Getränk in die ganze Welt exportiert ... Dann kam die Zeit der Prohibition: Das alkoholische Getränk hatte den Ruf, seine Trinker verrückt zu machen, und wurde deshalb verboten.

Nun aber fehlte es den Schnapsbrennereien nicht an Unternehmensgeist, sie nahmen ihre Produktion im 20. Jahrhundert im Geheimen wieder auf. Und seit 2005 können sie ihre Destillierapparate wieder am helllichten Tag nutzen. Machen Sie einen Termin bei einer der Schnapsbrennereien im Tal aus, um einen »Blauen« - ein weiterer Spitzname für dieses lokale Produkt - zu probieren.

*Siehe »*Bierwandern Schweiz*« von Monika Saxer; gleiches Verlagshaus

3 DIE GROSSEN PÄSSE

KURVEN UND KONTRASTE ERFAHREN

Worum es geht: Auf verschiedenen Routen kann man sich auf einen Schweizer Roadtrip begeben, um die Pässe zu erkunden. Viele der Alpenpassstraßen führen durch extreme Landschaften und versprechen atemberaubende Panoramablicke, manchmal von mehr als 2000 Meter Höhe! Auf einer solchen Rundfahrt bekommt man eindrucksvolle Granitwände, Schneeblöcke und stille Bergseen zu Gesicht und wird immer wieder mit einmaligen Blicken zu den Berggipfeln oder ins Tal hinunter belohnt.

Für ein solches Erlebnis plant man am besten ein Wochenende ein, Enthusiasten sogar mehr. Man kann beispielsweise nacheinander über den Susten-, den Grimsel- und den Furkapass fahren – also aus dem Kanton Uri ins Berner Oberland, von da ins Wallis und dann zurück in den Kanton Uri. Oder man fährt vom Wallis über den Nufenenpass ins Tessin, dann weiter über den San-Bernardino-Pass ins Bündnerland und von da über den Berninapass hinunter ins Veltlin.

Als klassische Motorradtour gilt die Vier-Pässe-Runde über den Grimsel-, den Nufenen-, den Gotthard- und den Sustenpass. Einige Etappen führen durch spektakuläre, besonders trockene Gegenden.

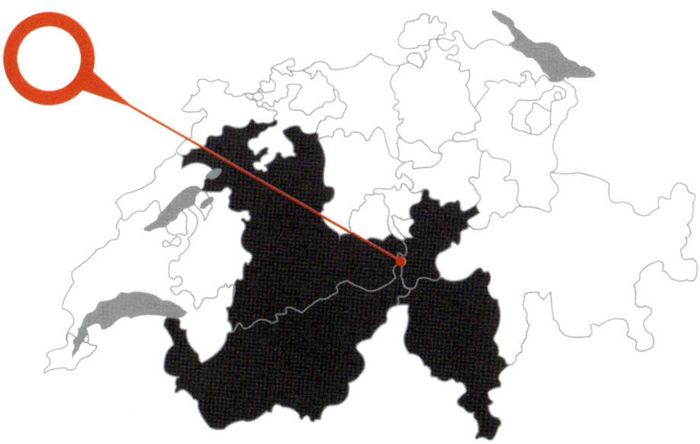

DIE GROSSEN PÄSSE

Wie man hinkommt: Mit dem Auto oder dem Motorrad. Die Sportlicheren wagen sich an die Herausforderung, einen Pass ... mit dem Fahrrad zu erklimmen! Für diejenigen, die auf öffentliche Verkehrsmittel schwören, bieten die Tourismusbüros Touren über die Pässe mit dem Postauto an.

Achtung, viele der Pässe sind im Winter geschlossen, man muss daher vor der Abfahrt prüfen, ob man sie befahren kann. Manche werden erst im Mai oder sogar im Juni wieder geöffnet und sind bereits ab Oktober wieder gesperrt.

Eine Alternative ... zu Fuß

Selbstverständlich gelangt man auch zu Fuß auf die Pässe. So kann man auf dem Alpenpässe-Weg die an vielen Stellen wilde Landschaft zwischen Chur und Saint-Gingolph genießen. Dieser Weg führt in 33 Etappen über die schönsten Pässe der Bündner und Walliser Alpen, vom Greina-Hochplateau zu den Seen am Fuß der Dents du Midi. Allerdings braucht es eine gute Kondition, um die Bergwege dieser anspruchsvollen Tour zu bewältigen!

OBEN AUF DEM GROSSEN SANKT BERNHARD

Eine weitere Attraktion erwartet die Besucher auf dem Großen Sankt Bernhard: Dieser Pass führt von der Schweiz nach Italien und hat seinen höchsten Punkt auf 2473 Meter über Meer. Dort oben befindet sich neben einem Bergsee das Hospiz auf dem Großen Sankt Bernhard. Dieses Kloster ist ganzjährig für Pilger und Wanderer geöffnet. Als besondere Attraktion gelten die vierbeinigen Gastgeber!

Die für die Schweiz symbolträchtigen Bernhardinerhunde züchtete man einst auf der Passhöhe. Sie wurden seit jeher für die Bergrettung ausgebildet und haben viele Leben gerettet. Heute wird die Hunderasse von der Barry-Stiftung in Martigny gezüchtet, aber einige Tiere verbringen – zur Freude der Wanderer – den Sommer in der Höhe.

Sustenpass
2224 ü M

EL
RESTAURANT
DERE

4 SCHLOSS CHILLON

EINE SEHENSWÜRDIGKEIT VOR GRANDIOSER KULISSE

Worum es geht: Dieses von Wasser umgebene mittelalterliche Schloss scheint quasi auf dem Genfersee zu schweben. Das imposante Kunstdenkmal wurde auf einer felsigen Insel in der Nähe von Montreux erbaut. Es ist mit dem Ufer durch eine Brücke verbunden; seine malerische Gestalt hebt sich vor dem Bergmassiv der Dents du Midi ab. Das Bild wäre eines Märchens würdig, hätten seine alten Mauern nicht eine solch düstere Geschichte erlebt.

Die Erinnerungen an vergangenes Leid spuken durch die sagenumwobenen Kellergewölbe mit ihren gotischen Bögen. Hier wurden Hexen und Ketzer, Räuber und Gegner der Herrscher inhaftiert und gefoltert. Der berühmteste Gefangene von Chillon, Bonivard, wurde sogar zum Held eines Gedichts von Lord Byron. So hat er trotz allem zur Popularität seines Gefängnisses beigetragen.

Das Schloss ist mit seinen Waffenkammern, Türmen und Mauern, die im Laufe der Jahrhunderte keineswegs gealtert zu sein scheinen, äußerst sehenswert – quasi ein Beweis dafür, dass Chillon gut bewacht wurde! Hinweis: Im Schloss herrscht eine freundliche Atmosphäre, und die Steine werden am Ende des Jahres durch Ritter anlässlich eines Mittelaltermarkts wieder zum Leben erweckt.

Wie man hinkommt: Mit öffentlichen Verkehrsmitteln: Schloss Chillon erreicht man mit dem Bus von Montreux aus oder mit dem Boot. Sie können es eventuell auch mit einem Kanu oder einem Paddelboot versuchen, aber das geschieht auf eigene Gefahr. Für die weniger Abenteuerlustigen gibt es vor Ort Parkplätze.

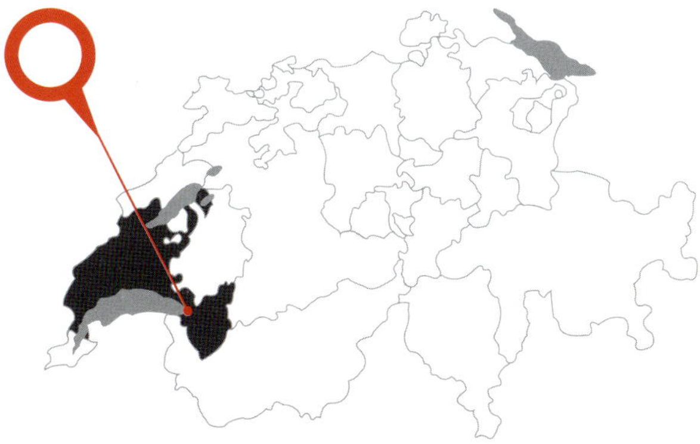

SCHLOSS CHILLON

Was es noch zu sehen gibt: Nehmen Sie von Montreux aus die Zahnradbahn auf die Rochers de Naye und entdecken Sie auf über 2000 Meter über Meer einen atemberaubenden Aussichtspunkt über dem Genfersee. Besuchen Sie das Dorf Yvorne und wandern Sie durch die Weinberge mit Blick auf das Bergmassiv der Dents du Midi. Fahren Sie nach Aigle für eine Weinprobe im Herzen des Chablais. Genießen Sie die Seepromenade mit herrlichen Ausblicken in Vevey, wo einst Charlie Chaplin lebte. Die Stadt Lausanne mit ihrer Altstadt, ihrer Kathedrale und ihren Museen ist auch nicht weit weg!

INSPIRATION FÜR KÜNSTLER

»Die doppelte Steinbarriere und das Wasser machten unser Verlies zu einem lebenden Grab.«
Lord Byron, »Der Gefangene von Chillon«

Der überaus romantische Ort hat viele Künstler inspiriert. Maler wie Eugène Delacroix und Gustave Courbet und Schriftsteller wie Victor Hugo, Alexandre Dumas und Jean-Jacques Rousseau waren von seinen Reizen angetan.

Letzterer ließ eine Szene aus dem Roman *»Die neue Heloise«* in Schloss Chillon stattfinden. Aber der berühmteste Beitrag, der dem Gebäude zu Ansehen verhalf, ist der des englischen Dichters Lord Byron. Er war so beeindruckt von den Kerkergewölben, die sich unterhalb des Wasserspiegels befinden, dass er ihnen ein langes, melancholisches Gedicht widmete.

Er erzählt die Geschichte von François Bonivard frei nach, der nach einem Konflikt mit den Herzögen von Savoyen mehrere Jahre eingesperrt war, und beschreibt so auf lyrische Weise das Leiden eines Mannes in diesem Gefängnis aus Stein und Wasser. Lord Byron setzte seinen Namen nicht nur unter das Gedicht, er ritzte ihn auch in eine Säule des Kerkergewölbes ein, als einfacher Tourist!

Her: Cristoffel Steiger
gewesner Landv: zu Lentzburg
mals Seckelmeister der statt
n Welscher Landen, 1714.

5 FAFLERALP

EINTAUCHEN IN DAS LÖTSCHENTAL

Worum es geht: Die Fafleralp ist von kleinen Bergseen und Gletschern umgeben und befindet sich in einem idyllischen Landstrich am Ende des Lötschentals. Von dort aus hat man einen wunderbaren Blick auf dieses wilde, eingeschlossene Tal zwischen den Berner und den Walliser Alpen.

Das Bild: typische kleine Dörfer mit ihren sonnenverbrannten, traditionellen Holzchalets und rundum Lärchenwälder. Am Horizont sieht man eine Reihe Alpengipfel. Als authentisches Reiseziel zieht die Region vor allem begeisterte Wanderer an, die den Kontakt zur Natur suchen. Eine beliebte Wanderung ist der Lötschentaler Höhenweg.

Drei Stunden lang stößt der Wanderer immer wieder auf Sturzbäche, die aus den Gletschern in die alpine Landschaft sprudeln und Wälder und mit Bergblumen übersäte Wiesen durchfließen. Der Weg führt auch in die Nähe des malerischen Schwarzsees, der zum Verweilen einlädt.

Wie man hinkommt: Die Fafleralp gehört zur Gemeinde Blatten im Kanton Wallis. Wenn Sie mit den öffentlichen Verkehrsmitteln anreisen wollen, nehmen Sie den Zug nach Goppenstein und dann das Postauto zur Fafleralp; sie ist die Endstation.

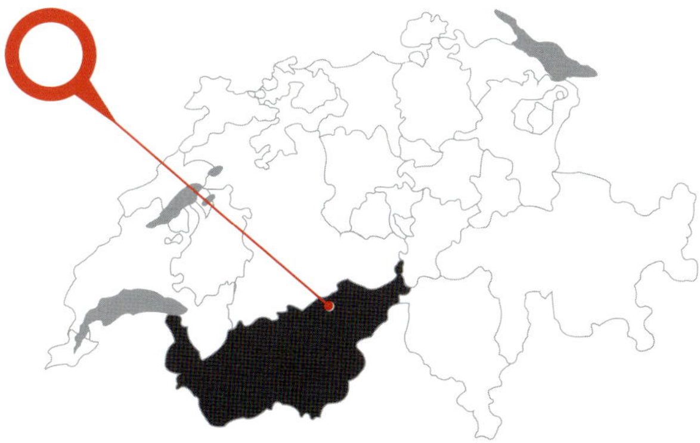

FAFLERALP

Was es noch zu sehen gibt: Man kann die typischen Dörfer des Tales, darunter Ferden, Kippel, Wiler und Blatten besichtigen. Oder die Nacht im Hotel Fafleralp verbringen, einem hundert Jahre alten Chalet. Für diejenigen, die die Pisten hinunterrauschen wollen, geht's im Winter ab zur Lauchernalp. Eine weitere interessante Sehenswürdigkeit in der Region: der berühmte Aletschgletscher, ein eindrucksvoller Eisfluss und Welterbe der UNESCO (siehe Riederalp, Kapitel 25). Er ist der größte Gletscher der Alpen; lassen Sie sich ihn keinesfalls entgehen!

DAS LÖTSCHENTAL UND SEINE FURCHTERREGENDEN »TSCHÄGGÄTTÄ«

Folklore ist im Wallis noch lebendig, besonders im Lötschental. Jedes Jahr während der Fastnachtszeit warten die furchterregenden »Tschäggättä« auf den Einbruch der Nacht, um durch die Dörfer zu streifen und Kinder zu erschrecken ... aber auch neugierige Besucher! Die monströsen, fratzenhaften Gesichter werden von Hand aus Arvenholz geschnitzt. Ziegen- oder Schaffelle und eine Glocke am Gürtel gehören zur Ausstattung dieser beunruhigenden Figuren. Hinweis: Einige Bildhauer des Tales organisieren Workshops, in denen man seine eigene »Tschäggättä«-Maske schnitzen kann! Wenn Sie künstlerische Ambitionen haben, nehmen Sie mit der Lötschentaler Touristeninformation Kontakt auf.

6 GREYERZ

EIN SCHLOSS MIT EINEM MITTELALTERLICHEN STÄDTCHEN

Schloss Greyerz thront auf einem Hügel im Freiburgerland mit Blick auf die Alpen. Das mittelalterliche Städtchen mit dem französischen Namen Gruyères schmiegt sich an das Schloss an und ist mit seinem malerischen Charme auf jeden Fall einen Besuch wert.

Die gut erhaltenen, gepflästerten Gassen sind für Autos gesperrt; innerhalb der Stadtmauern hat sich die Stadt ihre ursprüngliche Atmosphäre bewahrt. Der Ort ist bei den Touristen so beliebt, dass die Kellnerinnen und Kellner ihre Gäste in den Restaurants in traditionellen Trachten bedienen. Sie laden die Besucher dazu ein, ein feines Moitié-Moitié-Käsefondue zu probieren, das zur Hälfte aus Gruyère/Greyerzer zubereitet wird. Schließlich hat die Ortschaft dem berühmten Schweizer Käse seinen Namen gegeben. Beachten Sie auch, dass die Burg besichtigt werden kann; der edle Rittersaal ist mit Wandmalereien verziert.

Wie man hinkommt: Mit dem Zug bis Gruyères; atmen Sie nach dem Aussteigen tief durch und rechnen Sie mit sieben Minuten Fußmarsch auf den Hügel hinauf, wo Sie sich vor den Toren der mittelalterlichen Stadt befinden. Rund um den Ort finden sich auch kostenlose Parkplätze.

Für Menschen mit Gehbehinderung (oder für die Faulen) gibt es einen öffentlichen Bus, der die Passagiere zur Haltestelle Gruyères, Ville, direkt beim Stadteingang bringt.

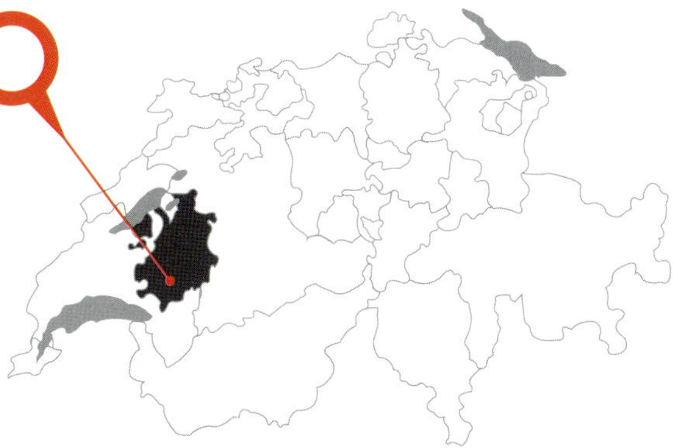

GREYERZ

Was tun? Sind Sie hungrig? Probieren Sie das regionale Moitié-Moitié-Fondue, das zur anderen Hälfte aus Freiburger Vacherin besteht. Zum Nachtisch sollte man auf alle Fälle Meringues mit Greyerzer Doppelrahm probieren.

Außerdem sollten Sie sich auf jeden Fall einen Drink an der Bar von HR Giger gönnen, deren Dekor an den Film »Alien« erinnert! Unweit dieses speziellen Lokals ist ein ganzes Museum dem Schweizer Künstler gewidmet, der für seine Arbeit an Science-Fiction-Filmsets bekannt wurde.

Was es noch zu sehen gibt: Man kann den Gipfel des Moléson besteigen oder mit der Seilbahn hinauffahren, um die gute Aussicht zu genießen. Die Alpwiesen des Pays-d'Enhaut bieten sich für lange und kurze Wanderungen an: Dieser Regionalpark verfügt über 500 Quadratkilometer wunderschöner Landschaften. Auch zu empfehlen: Paddeln auf dem schönen Greyerzersee, mit dem Kanu oder Kajak. Feinschmecker können auch die Schokoladenfabrik Cailler in Broc besuchen und, wer Spaß haben will, taucht unter in den Thermalbädern in Charmey/Jaun.

GREYERZER, DIE KÄSESPEZIALITÄT DER REGION

Der Greyerzer, einer der bekanntesten Schweizer Hartkäse neben dem Emmentaler, kommt aus dieser Gegend. Die Herstellung des Käses wurde bereits in den Chroniken des 12. Jahrhunderts erwähnt. Der Gruyère ist durch das Qualitätszeichen AOP geschützt und wird heute insbesondere in den Kantonen Freiburg, Waadt, Neuenburg und Jura produziert.

Verschiedene Käsereien öffnen dem Publikum ihre Türen, damit man einen Blick hinter die Kulissen werfen kann ... Die nächstgelegene ist die Maison du Gruyère, am Fuß der mittelalterlichen Stadt, wo Sie mit eigenen Augen sehen können, wie die Käsemasse in großen Bottichen gerührt wird, bevor sie in die Form kommt.

Er wird dann mehr oder weniger lange gelagert und erhält je nach Reifegrad die Bezeichnungen »mild«, »mittelreif« oder »rezent«. Je reifer der Käse, desto charakteristischer sein Geschmack. Selbstverständlich ist Schweizer Greyerzer nicht dasselbe wie französischer Gruyère, den man an seinen Löchern erkennt.

7 LAC DE TANAY

KLEINES BERGPARADIES IM CHABLAIS

Worum es geht: Der Lac de Tanay ist ein von Bergen umgebener dunkelblauer Fleck im Chablais. Dieses Naturschutzgebiet auf 1400 Meter über Meer befindet sich in einer eindrücklichen Gebirgslandschaft. Zur Idylle tragen die vielen Holzchalets bei, die sich um den See herum zwischen den Nadelbäumen verstecken. Die Felsspitzen Jumelles, Gramont, Chambairy und Tâche beherrschen die Szenerie.

Dieses kleine Paradies eignet sich perfekt für Wanderungen - allerdings muss man schon ein bisschen marschieren, um es sich zu verdienen! An Sommertagen und Wochenenden begrüßen drei Gasthäuser die Besucher rund um den See.

Wie man hinkommt: In der Gemeinde Vouvry fahren Sie in Richtung des Ortsteils Miex. Am Ende der Straße befindet sich in Le Flon ein gebührenfreier Parkplatz. Dieser Ausgangspunkt ist auch mit dem Postauto zu erreichen. Von hier führt ein Pfad durch den Wald hinauf zum Col de Taney und seinem Panoramablick. Für die Strecke sollte man eine Stunde Fußweg bis zum See rechnen, der zu bewältigende Höhenunterschied beträgt 400 Meter.

Menschen mit Gehbehinderung können einen Taxi-Service mit Allradantrieb in Anspruch nehmen und sich bis zum See zu fahren lassen.

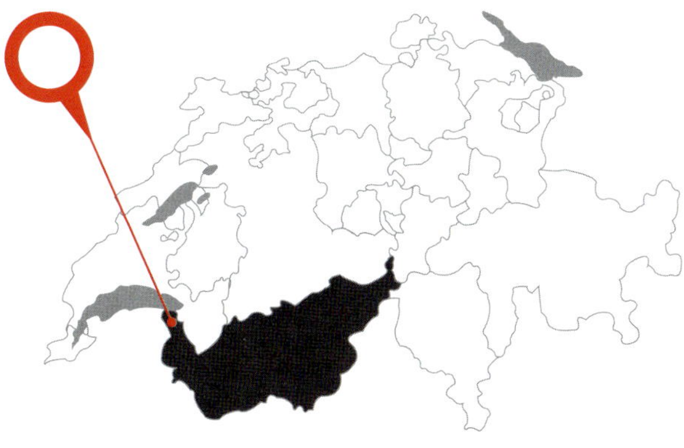

LAC DE TANAY

Was tun? Einmal am Lac de Tanay angekommen werden die Gehbegeisterten dem Ruf der vielen Wanderwege folgen. Andere können am Seeufer die Seele baumeln lassen – und eventuell schwimmen gehen, das Wasser ist allerdings kühl! Auf dem Spaziergang bekommt man mit etwas Glück Steinböcke und Murmeltiere zu sehen … Eine unvergessliche Wanderung führt zum Grammont: Vom Aussichtspunkt aus bietet sich ein atemberaubender Blick auf den Genfersee (Schwierigkeitsgrad: mittel).

Die Härtesten werden zu den berühmten Cornettes de Bise wandern, ein fünfeinhalbstündiger, sehr anspruchsvoller Rundweg mit 1190 Meter Höhenunterschied. Nach der Anstrengung dürfte eine Belohnung fällig sein: Auf der Alpage de Loz sollte man unbedingt den Käse probieren!

RÜCKZUGSORT FÜR SALAMANDER

Der Lac de Tanay liegt im Walliser Chablais zwischen dem Genfersee und dem Bergmassiv des Montblanc. Der Ort befindet sich hoch über dem Rhonetal in der Nähe der französisch-schweizerischen Grenze zu Hochsavoyen. Das Ökosystem beheimatet zudem ein Naturschutzgebiet, das bei Amphibien äußerst beliebt ist. Verschiedene Froscharten laichen am Ufer des Sees, und der aufmerksame Wanderer kann sogar hoffen, dass er einen Alpensalamander zu sehen bekommt. Im Gegensatz zu den Menschen begibt er sich auch bei nassem Wetter gerne nach draußen und hält sich lieber im Schatten des Waldes auf …

NATIONAL

8 LUZERN

ZAUBERHAFTE ALTSTADT AM UFER DER REUSS

Worum es geht: Mit ihrem atemberaubenden Blick auf die Berge und ihrer malerischen Altstadt ist Luzern eine der meistbesuchten Städte der Schweiz. Ihr Wahrzeichen ist die Kapellbrücke, eine überdachte Holzbrücke über die Reuss. Sie ist nur wenige Minuten vom Bahnhof entfernt und führt ins malerische Herz des historischen Stadtzentrums und zu den mit bunten Fresken verzierten Fassaden.

Das ziellose Herumspazieren ist umso angenehmer, als das Stadtzentrum eine Fußgängerzone ist. Der Spaziergang richtet sich nach den kulturellen Ereignissen der Stadt, nach Konzerten und anderen Veranstaltungen. Wer einen Kaffee trinken oder einen Happen essen will, findet sich auf den Terrassen entlang des Flusses mit Blick auf die Brücke ein. Von der Brücke aus sind die Türme der wichtigsten Kirchen der Stadt zu erkennen: Die Hofkirche hat zwei spitze Türme, während am Flussufer die Jesuitenkirche aus dem 17. Jahrhundert mit ihrer barocken Architektur beeindruckt.

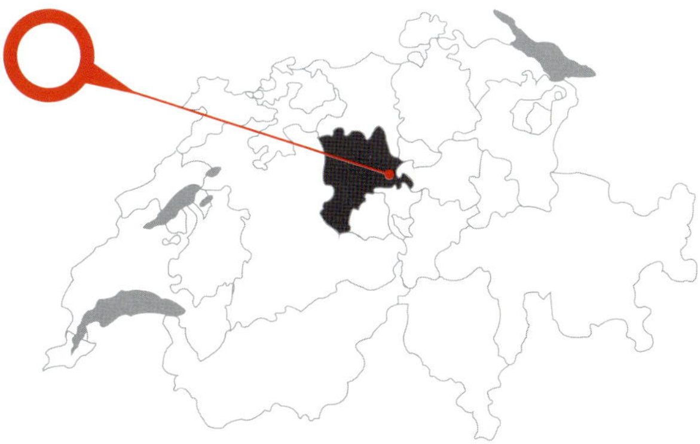

LUZERN

Was man noch in Luzern unternehmen kann: Bewundern Sie die monumentale, in den Fels gehauene Skulptur des sterbenden Löwen. Dieser Gedenkort ehrt die Schweizer Söldner, die 1792 im Dienst des Königs von Frankreich in den Tuilerien starben. Ein weiterer Klassiker: ein Bummel über die Musegg-Mauer aus dem 13. Jahrhundert. Die Wachtürme bieten eine wunderbare Aussicht auf den Vierwaldstättersee und die Berge.

Bei schönem Wetter kann man auch bei einer Dampferfahrt auf dem See die fantastische Aussicht genießen. Außerdem ist das Verkehrshaus der Schweiz landesweit bekannt und lohnt einen Besuch. Denken Sie auch daran, sich über die vielen Festivals zu informieren, die dem Luzerner Kulturleben den Takt vorgeben (Kino, klassische Musik, Karneval, Comics ...).

Wie man hinkommt: Am besten reist man mit dem Zug an; die Altstadt ist in nur fünf Minuten zu Fuß vom Bahnhof Luzern aus zu erreichen. Die Musegg-Mauer befindet sich unweit der Altstadt (zehn Minuten zu Fuß von der Kapellbrücke entfernt), ebenso das Löwendenkmal (eine Viertelstunde).

Lust auf einen Ausflug in die Berge? Luzern liegt in der Nähe von drei Gipfeln, die alle einen schönen Blick über den Vierwaldstättersee bieten. Wer die Wahl hat, hat die Qual: Rigi, Pilatus oder Stanserhorn.

DER BRAND DER LUZERNER BRÜCKE

Die heutige Kapellbrücke hat eine tragische Geschichte. Sie gilt als älteste überdachte Brücke Europas. Treu hat sie den Luzernern seit dem Mittelalter die Möglichkeit gegeben, die Reuss zu Fuß zu überqueren, bevor sie im Sommer 1993 von einem Feuer weitgehend zerstört wurde.

Mit Schrecken mussten die Luzerner zusehen, wie ihre Brücke brannte; das Ereignis warf im ganzen Land hohe Wellen. Die Ermittlungen gehen davon aus, dass die Feuersbrunst auf einen Unfall zurückzuführen ist. Mit sprichwörtlicher Schweizer Effizienz wurde die Brücke dann in nur neun Monaten wieder aufgebaut.

9 BERN

BUNDESSTADT MIT LAUBENGÄNGEN

Worum es geht: Es ist schlicht unmöglich, dem Charme der Hauptstadt der Schweiz mit ihren langen Arkaden, ihren mit Blumen geschmückten Brunnen und ihren mittelalterlichen Fassaden nicht zu verfallen. Das Stadtzentrum, dessen Gassen auch bei Regenwetter bequem zu Fuß zu erkunden sind, ist ein Muss.

Eine der bekanntesten Attraktionen ist der Zytglogge, der Turm mit der astronomischen Uhr. Wenn es läutet, beginnen sich kleine mechanische Figuren an der Fassade im Kreis zu drehen. Nur wenige Schritte entfernt befindet sich mit dem Bundeshaus das Zentrum der Schweizer Politik.

Die Terrasse davor mit Panoramablick zum Alpenkamm liegt hoch über der Aare, dem Fluss, der die Stadt umgibt. An ihrem Ufer lohnt sich ein kurzer Spaziergang durch das alte Stadtviertel Matte. Für einen schönen Rundblick über die Stadt und bis ins Berner Oberland steigt man dann auf die Spitze des gotischen Turms des Berner Münsters. Allerdings hat dieser Aussichtspunkt 100 Meter über der Stadt einen hohen Preis, man muss den Mut haben, die 344 Wendeltreppenstufen hinaufzusteigen!

Wie man hinkommt: Der Zug ist die praktischste Lösung: Der Bahnhof befindet sich im Herzen der Stadt.

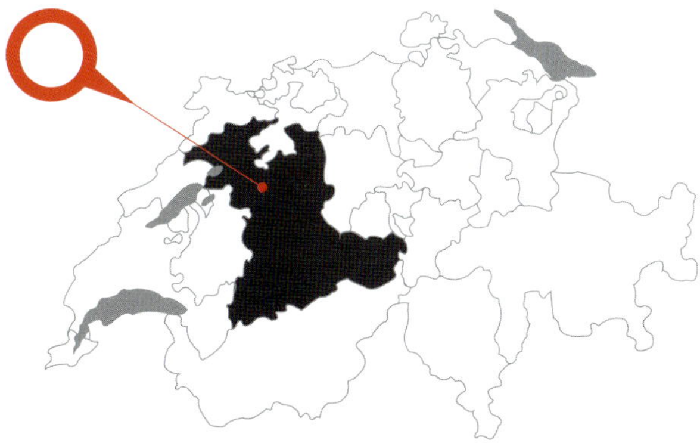

BERN

Was man noch in Bern unternehmen kann: Der Bär ist das Symbol von Bern und vor ein paar Jahren noch lebten hier einige in einem Graben. Inzwischen wurde einiges für das Wohlergehen der Tiere getan, weshalb sie sich nun durch einen Park am steilen Aareufer trollen. Kulturinteressierte besichtigen das Parlamentsgebäude mit einer Führung, das Paul-Klee-Zentrum mit seiner spektakulären Architektur oder zum Beispiel das Einsteinhaus.

Wenn Sie durch die Innenstadt schlendern, steigen Sie auch in die kleinen, typischen Kellergeschäfte hinunter. Bern ist für seine alternative Kultur bekannt: Zögern Sie nicht, abends auszugehen, zum Beispiel in die Reitschule oder in die Turnhalle.

SPLASH! SCHWIMMEN IN DEN DEUTSCHSCHWEIZER STÄDTEN

Bern wurde in einer Flussschleife der Aare gebaut ... zur größten Freude der Schwimmer! Das Wasser ist sauber und die Abkühlung ist im Sommer eine willkommene Abwechslung. Erfahrene Schwimmer schaffen es an der einen oder andern Stelle sogar, ein paar Meter stromaufwärts zu schwimmen. Bern ist nicht die einzige Stadt in der Deutschschweiz, in der man sich kopfüber in einen Flusslauf stürzen kann. Die Zürcher und Basler teilen diese Leidenschaft. Letztere haben auch den Brauch, ihre Kleider in wasserdichte Taschen zu verpacken und sich so den Rhein hinunter treiben zu lassen.

CURIA CONFOE

NIS HELVETICAE

Gasthaus Aescher - Wildkirchli

10 AESCHER-WILDKIRCHLI

MALERISCHE ADRESSE IM ALPSTEINGEBIET

Worum es geht: Im Alpsteinmassiv in Appenzell befindet sich ein interessantes Gasthaus, das »Aescher-Wildkirchli«. Dieses Holzchalet auf der Ebenalp am Fuß einer 100 Meter hohen Felswand scheint wie in den Berg eingelassen! Dort kann man in einem Bett in einem Schlafsaal übernachten oder sich einen Bissen schmecken lassen und dazu die Aussicht genießen.

Eine Idee, um ans Ziel zu gelangen: Brechen Sie am Bahnhof Wasserauen zu einer dreistündigen Wanderung auf. Unterwegs haben Sie die Möglichkeit, dem Seealpsee einen Besuch abzustatten, wo Sie eine Pause einlegen sollten, um den Blick auf den majestätischen Säntis, dem mit 2500 Meter höchsten Gipfel des Bergmassivs, zu genießen.

Der Weg führt weiter zum außergewöhnlichen Gasthaus, wo es Zeit für eine längere Pause ist. Wenn man hier hinaufklettert, wird man Zeuge einer drastischen Veränderung der Landschaft zwischen den sanften Hügeln des Schweizer Mittellandes und den steilen Gipfeln des Bergmassivs. Dank einem Netz von Wanderwegen unterschiedlicher Schwierigkeitsgrade lässt sich die Gegend weiter erkunden.

Ohne Anstrengung hinkommen: Keine Panik, eine Seilbahn ab Wasserauen führt direkt zur Ebenalp. Von der Bergstation führt ein eindrücklicher Tunnel durch den Felsen zum Gasthaus »Aescher-Wildkirchli«.

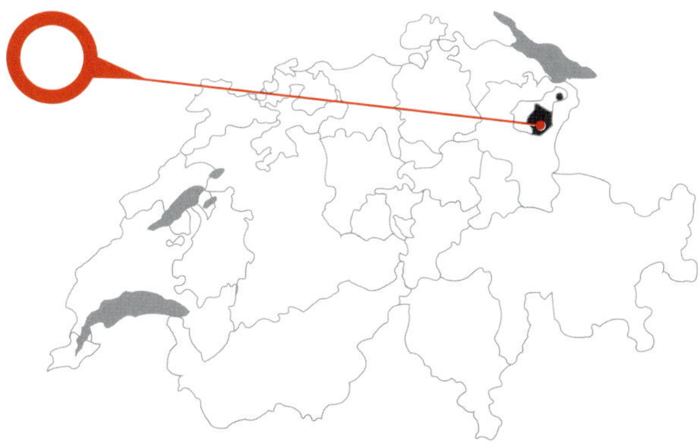

AESCHER-WILDKIRCHLI

Was kann man im Alpsteingebiet sonst noch unternehmen? Die Wagemutigen werden feststellen, dass die Ebenalp ein idealer Ort ist, um sich als Gleitschirmflieger zu versuchen. Weniger Adrenalin benötigt man für den originellen, fünf Kilometer langen Barfußweg zwischen Jakobsbad und Gontenbad. Schlammpfützen, weiches Gras, das die Zehen kitzelt, und Kieselsteine warten auf Ihre zögerlichen oder forschen Schritte.

Der Geologiepfad am Alpstein wird die Liebhaber von Gesteinen und Fossilien erfreuen. Auf einer dreistündigen Wanderung können Sie die durch Erläuterungstafeln kommentierte Arbeit der Erosion, die Falten und Verwerfungen beobachten. Besonders einfach ist dieser Höhenweg mit der Seilbahn ab Brülisau zu erreichen.

Nach diesen Vergnügen an der frischen Luft sollte man einen Abstecher ganz in die Nähe in den historischen Dorfkern von Appenzell machen, wo malerische Fassaden zu bewundern sind!

BLICK VOM SÄNTISGIPFEL AUF SECHS ALPENLÄNDER

Um in den Genuss eines atemberaubenden Panoramas zu kommen, sollten Sie einen Ausflug auf den Säntis, den höchsten Gipfel des Alpsteingebiets, in Betracht ziehen. Von der Bergstation auf 2502 Meter über Meer haben Sie einen atemberaubenden Blick auf das Appenzellerland ... die Alpen und die Voralpenregion.

Wenn das Wetter auf Ihrer Seite ist, blicken Sie genau betrachtet über sechs Alpenländer hinweg: die Schweiz, Deutschland, Österreich, Liechtenstein, Frankreich und Italien. Ihr Blick streift den Bodensee, die Bündner Alpen, das Mittelland, den Jura und sogar ... den Schwarzwald. Touristen können mit der Schwägalp-Säntis-Seilbahn geradewegs bis zum Gipfel hinauffahren.

11 ALPABZUG L'ÉTIVAZ

STOLZE KUHPARADE

Worum es geht: Der Alpabtrieb von L'Étivaz ist ein beliebtes Volksfest im Waadtland, bei dem die Kühe in die Hauptrolle schlüpfen. Anlässlich des Alpabtriebs versammelt sich das Dorf zu Ehren der Viehherden. Die Kühe werden mit Glocken und Blumen geschmückt und so machen sich die Schönheiten auf den Weg in ihre Winterställe, nachdem sie den ganzen Sommer auf den Alpweiden gegrast haben. Während der immer im Herbst stattfindenden Veranstaltung ziehen gegen 400 Rinder in Begleitung ihrer Hirten hinab ins Tal. Letztere tragen für diesen Anlass ihre traditionelle Tracht.

Wie man hinkommt: L'Étivaz liegt im Waadtländer Oberland, dem Pays-d'Enhaut, in der Nähe von Château-d'Œx. Während der Veranstaltung werden Shuttle-Busse angeboten, die die Besucher ins Dorf bringen und unterwegs an verschiedenen Postautohaltestellen sowie einigen Parkplätzen von Château-d'Œx anhalten. Der Umzug findet in der Regel zwischen 9.30 und 14 Uhr statt.

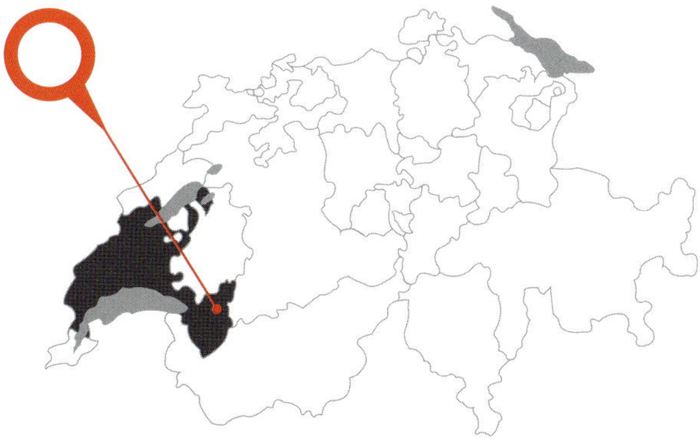

ALPABZUG L'ÉTIVAZ

Eine Spezialität der Region: der Scherenschnitt

In der Region beherrschen einige Handwerker die Technik des Scherenschnitts, der Kunst Motive in Papier zu schneiden. Diese Tradition kann man im Musée du Vieux Pays-d'Enhaut oder direkt bei den Künstlern kennenlernen. Nähere Informationen und Adressen vermittelt die Touristeninformation.

Weitere Sehenswürdigkeiten

Möchten Sie Holzhäuser mit geschnitzten Fassaden sehen? Dann machen Sie Halt in den Dörfern Rossinière oder Rougemont, wo man das architektonische Erbe bewundern kann. Im Januar geben sich im Rahmen des Internationalen Ballonfestivals in Château-d'Œx Dutzende von Heißluftballons ein attraktives Stelldichein. Und warum auf den Winter warten, um die Skier anzuschnallen? Auf dem Gletscher von Les Diablerets kann man auch im Sommer die Pisten runterwedeln. Die Waadtländer Alpen und Voralpen sind außerdem reich an markierten Wanderwegen: Da gibt es für die Wanderfreunde viel zu entdecken!

DER ALPABTRIEB: FOLKLORE UND KÄSE!

Wie genau sieht ein Alpabtrieb aus? Alphörner lassen traditionelle Weisen erklingen, während die Kühe mit ihren Kronen herumlaufen. Sie tragen riesige Kuhglocken um den Hals: Der Umzug der Herden erhält seinen Rhythmus vom Klang der Glocken. Die Hirten tragen ihre traditionelle Trachten und führen die Tiere von den Alpweiden hinunter nach L'Étivaz! Etwa alle 30 Minuten durchquert eine neue Herde das Dorf. Sie müssen zwischen 6 und 25 Kilometer Weg zurücklegen, um zu ihrem Stall zu kommen, wo sie den Winter an der Wärme verbringen können. Von der am weitesten entfernten Alp ist das also eine achtstündige Wanderung!

Dieses Fest ist natürlich auch eine gute Gelegenheit, von den ersten Étivaz-AOP-Laiben zu kosten, einem Hartkäse, der zwischen dem 10. Mai und dem 10. Oktober direkt in den Alphütten hergestellt wird. Der Bergkäse mit dem markanten Geschmack wird aufgeschnitten oder als Fondue gegessen, für das er zur Hälfte mit Freiburger Vacherin vermischt wird. Eine weitere Spezialität, die man sich nicht entgehen lassen sollte, ist der Hobelkäse, der zum Aperitif gereicht wird.

12 SAINT-URSANNE

MITTELALTERLICHE STADT IN GRÜNEN HÜGELN

Worum es geht: Saint-Ursanne ist ein Städtchen am Doubs im Kanton Jura, tief in einem grünen Tal versteckt. Der mittelalterliche Stadtkern besteht aus historischen Gebäuden und Bürgerhäusern aus dem 14. bis 16. Jahrhundert. Die Fassaden sollte man aufmerksam betrachten, um ihre Farben und malerischen Details genießen zu können.

Die Stadt kann man durch drei große Tore betreten, die zur alten, teilweise erhaltenen Mauer mit Wachturm gehören. Vergessen Sie nicht, die Tür der romanischen Stiftskirche zu öffnen, um in die bezaubernde Atmosphäre einzutauchen. Spazieren Sie auch durch den schönen Kreuzgang mit den gotischen Bögen, in dem heute ein Lapidarium untergebracht ist.

Der Legende nach verdankt der Ort seinen Namen dem irischen Mönch Ursicinus. Er soll als Einsiedler in einer Höhle über dem Dorf gelebt haben ... Eine steile Treppe mit 190 Stufen führt zu seiner Einsiedelei, von wo aus man einen herrlichen Blick auf Saint-Ursanne hat.

Um das schönste Bild des Ortes zu machen, gibt es einen Trick: Man geht über die Johannes-Nepomuk-Brücke auf die andere Seite des Doubs. Vom gegenüberliegenden Ufer hat man die beste Aussicht auf die Stadt!

Wie man hinkommt: Mit dem Regionalzug S3 fährt man ab Delémont oder Porrentruy zum Bahnhof von Saint-Ursanne. Dieser liegt eine Viertelstunde zu Fuß vom Ortszentrum entfernt. Ansonsten kann man sein Fahrzeug auf einem Parkplatz abstellen, bevor man sich zu Fuß im mittelalterlichen Städtchen umsieht.

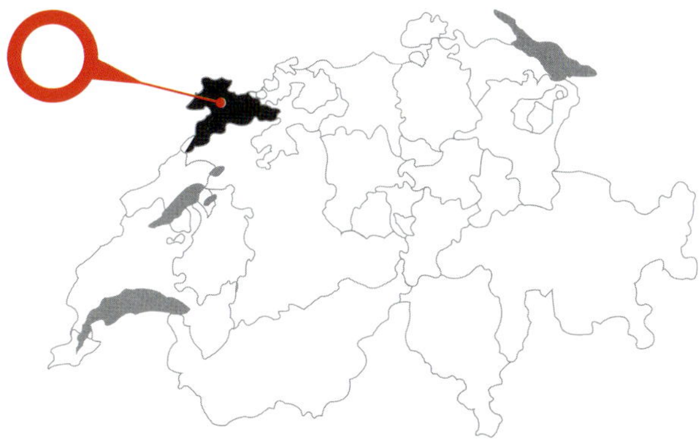

SAINT-URSANNE

Feste

Während des populären Festivals »Les Médiévales«, das alle zwei Jahre stattfindet, schlägt das Herz von Saint-Ursanne drei Tage lang im Rhythmus mittelalterlichen Festtreibens. In der Stiftskirche finden regelmäßig Orgelkonzerte organisiert von »Tribunes Baroques« sowie Anfang August ein Klavierfestival statt.

Was kann man sonst in der Region unternehmen? Man kann einen Spaziergang rund um den schönen Étang de la Gruère unternehmen, einen von Moor umgebenen See in der Nähe von Saignelégier. Auch ein Spaziergang durch den mittelalterlichen Stadtkern von Porrentruy und hinauf zum Schloss ist empfehlenswert. Besuchen Sie die »Maison de la Tête de Moine« in Bellelay und lassen Sie sich zeigen, wie dieser mit einer Girolle zu Rosetten gedrehte Halbhartkäse hergestellt wird.

DER CLOS DU DOUBS

Unweit von Saint-Ursanne erfreut das Naturschutzgebiet Clos du Doubs mit seinen von dichten Wäldern bedeckten Hügeln und seinen Schluchten alle Liebhaber der wilden Natur: eine Topadresse für Freizeitaktivitäten im Grünen wie Wandern oder Mountainbiken. Ein Muss: eine Fahrt mit dem Kanu oder Kajak auf dem Doubs. Nachdem der Flusslauf kilometerlang die Grenze zu Frankreich gebildet und schließlich beiderseits helvetischen Boden berührt hat, krümmt er sich bei Saint-Ursanne um 180 Grad und fließt zurück nach Frankreich.

Man beachte auch, dass sich der Doubs zwischen Les Brenets und Goumois tief in die Jurafelsen eingefressen hat, was der Landschaft einen besonders romantischen Touch verleiht. »Clos du Doubs« verweist auf den auf der linken Talseite, aber dennoch in der Schweiz liegenden, vom Doubs umflossenen, einsamen Hügelzug, der dem Naturschutzgebiet den Namen gegeben hat. Besteigt man den Kamm, wird man mit einem Panoramablick auf Belfort, die Vogesen und die Freiberge belohnt.

13 DER KLÖNTALERSEE

EIN FJORD IN DEN SCHWEIZER BERGEN

Worum es geht: Dieser Bergsee auf 848 Meter über dem Meer ist ein Ruhe vermittelnder Ort oberhalb von Glarus. Er ist bekannt für seine blaue Farbe und liegt an den Ausläufern des Glärnischmassivs. Die bewaldeten Berghänge tauchen ihre Wurzeln direkt in das Gewässer, das die zum Teil schneebedeckten Gipfel spiegelt.

In diesem bezaubernden Gemälde fühlt man sich am Ufer des Sees sehr klein ... Seine Spiegelungen haben auch schon Dichter und Maler fasziniert. Lust auf ein kühles Bad? Im Sommer kann man durchaus einen Kopfsprung wagen! Im Winter ist die Oberfläche des Sees zugefroren, was Schlittschuhläufer begeistert und so manch einen nicht davon abhält, es dort mit dem ... Eistauchen zu versuchen!

Wie man hinkommt: Im Sommer verbindet eine Postautolinie den Bahnhof von Glarus mit dem See. Es gibt mehrere Haltestellen: Klöntal, Rhodannenberg, befindet sich an der östlichen Spitze und Klöntal, Vorauen, am gegenüberliegenden Ende des Sees im Westen. Erkundigen Sie sich im Voraus über die Abfahrtszeiten.

Mit dem Auto erreicht man den See ab Glarus in nur zehn Minuten. Es gibt verschiedene Parkplätze, in Rhodannenberg, Güntlenau und Plätz.

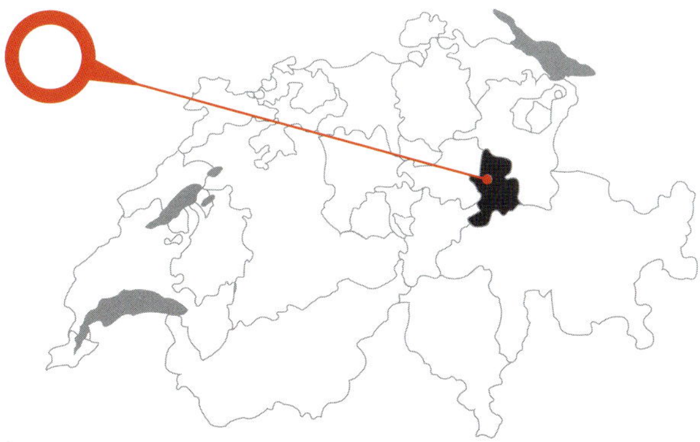

DER KLÖNTALERSEE

Wanderwege

Der Rundweg um den See ist einfach und dauert etwa drei Stunden. Ambitioniertere Wanderer können von der Gemeinde Näfels über den Klöntalersee und durch das schöne Tal des Obersees wandern, Dauer: rund sechs Stunden.

Was gibt es sonst noch zu sehen? Die Gegend ist bekannt für ihre markanten geologischen Phänomene, die man im Geopark Sardona sehen kann. Auf der Silberen, mitten in den Glarner Alpen, kann man das größte Karrenfeld der Schweiz bewundern. Der Schrattenkalk wurde hier durch den Abfluss der Niederschläge geformt, so dass eine erstaunliche Mondlandschaft entstanden ist. Der Gipfel liegt im Übrigen im Muotathal, einem Wanderparadies, das auch für seinen Käsemarkt bekannt ist. Dieses Volksfest findet jedes Jahr gegen Ende Oktober statt.

Ebenfalls sehr beliebt in der Region sind die Klettersteige an den drei Gipfeln von Braunwald. Und das Dorf Elm mit seinen Holzchalets ist ein hübsches Schweizer Postkartenmotiv. Naschkatzen folgen dem Lehrpfad der Chocolaterie Läderach.

GLARNER SPEZIALITÄTEN

Zu den Spezialitäten des Glarner Landes gehören das Glarner Birnbrot, die Glarner Birnenweggen, die Chalberwurst, das Glarner Beggeli, ein mit Mandeln oder Zwetschgen gefülltes Gebäck, und natürlich der faszinierende Schabziger, ein seit über 500 Jahren ausschließlich in Glarus hergestellter, würziger Käse. Der aus entrahmter Milch produzierte Reibkäse hat eine grünliche Farbe, die er der besonderen Herstellung verdankt: dem gereiften Käse wird pulverisierter Zigerklee zugegeben, bevor man ihn in seine charakteristische Form presst. Das spezielle Aussehen tut seinem Erfolg im Ausland keinerlei Abbruch, denn er wird in über fünfzig Länder exportiert!

14 VERZASCATAL

WILDE NATUR UND MODERNE KUNST

Worum es geht: Inmitten dieses idyllischen Tessiner Tals fließt ein Fluss, die Verzasca. Natürliche, in die Felsen geformte Becken lassen das kristallklare Wasser smaragdfarben leuchten, malerische Steinbrücken überspannen den Fluss. Vor den Toren Locarnos sind alle Freuden des Tessins vereint: Schwimmen im Fluss (ein Muss), Köstlichkeiten in einem Grotto, typische Dorfbilder und Wanderungen in wilden Landschaften.

Hier kann man frische Luft und Kulturgenuss kombinieren, und zwar auf dem »Sentiero per l'arte della Valle Verzasca«, dem Weg der Kunst des Verzascatals. Der Weg führt an über zwanzig, in die Landschaft eingebetteten Kunstwerken vorbei. Statuen aus Stein, Malereien auf Holz oder Skulpturen, die zum Staunen animieren. Der Weg ist viereinhalb Kilometer lang. Er führt am Fluss entlang und folgt teilweise dem Sentierone, also dem großen Wanderweg durch das Tal.

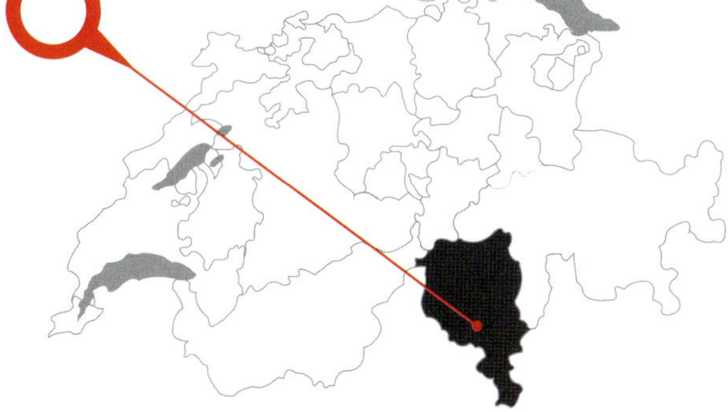

VERZASCATAL

Wie man hinkommt: Sie können den Weg der Kunst an der Römerbrücke von Lavertezzo beginnen und nach Brione wandern, wo sich eine Postautohaltestelle befindet – oder umgekehrt! Lavertezzo ist mit dem Auto eine halbe Stunde von Locarno entfernt.

Was kann man sonst in der Region unternehmen? Entdecken Sie malerische Tessiner Dörfer wie Corippo, Brione und Sonogno. Ein Radweg verbindet übrigens die zwei letzteren. Oberhalb von Locarno kann man über eine sieben Kilometer lange Wanderung über den Berg Cardada die Cimetta erreichen: Ein atemberaubender Blick auf den Lago Maggiore ist hier garantiert! Eine weitere Idee: James Bond in »Goldeneye« spielen und vom Staudamm des Verzascatals ins Nichts hinunterspringen. Für diejenigen, die diesen Bungee-Jump wagen: Der 220 Meter tiefe Fall verspricht einen Adrenalinschub, der nur gerade 7,5 Sekunden dauert!

ZU TISCH IN EINEM GROTTO

Um die Tessiner Küche auf authentische Weise zu genießen, muss man auf jeden Fall in einem Grotto Halt machen. Diese rustikalen, oft abgelegenen Gasthöfe servieren regionale Küche, vor allem aus lokalen Produkten. Um Ihnen den Mund wässrig zu machen: Zu den typischen Tessiner Gerichten zählen Risotto, Polenta, Schmorbraten, Kaninchen, Wurst und Minestrone. Und natürlich eine Auswahl an Käse und Aufschnitt!

Drei Empfehlungen für das Verzascatal: das Grotto al Bivio da Paola, im typischen Tessiner Dorf Corippo, das Grotto Scalinata in Tenero, das von drei Schwestern betrieben und wo die Polenta auf einem Holzfeuer zubereitet wird, sowie eine etwas abgelegene Pension, das Grotto Efra Valle Redorta. Es befindet sich in einer besonders schönen Lage im Schatten der Bäume, zwischen dem Dorf Sonogno und dem unzugänglichen Valle Redorta.

Kober
liquidlogic

15 BASEL

KULTURSTADT AM RHEINKNIE

Worum es geht: Als Grenzstadt liegt Basel am Dreiländereck Schweiz-Frankreich-Deutschland. Ihre Highlights sind das Rheinufer, eine charmante Altstadt und viele Museen. Die alten Gassen haben Charme und Charakter, auch der Marktplatz mit dem imposanten Rathaus. Es ist dunkelrot und mit Ornamenten geschmückt, was das Gebäude fast ein wenig russisch anmuten lässt. Auf jeden Fall sollte man auch dem Innenhof Beachtung schenken.

Ein weiteres Muss ist das Münster aus rosa Sandstein. Die Terrasse hoch über dem Rhein, auch Pfalz genannt, bietet einen fantastischen Panoramablick auf die Stadt. Bei milden Temperaturen kann man durchaus einen Sprung in den Strom wagen ... eine bevorzugte Aktivität der Basler! Die Schlausten sind mit wasserdichten Taschen ausgestattet, in die sie ihre sieben Sachen packen, um sich mitsamt trockenen Kleidern ... hinuntertreiben zu lassen!

Wie man hinkommt: Am bequemsten ist es mit dem Zug. Der Bahnhof liegt im Herzen der Stadt, dann kann man die Straßenbahn nehmen, wenn man nicht zu Fuß gehen möchte.

Was kann man sonst noch in der Stadt unternehmen? Kunstliebhaber aufgepasst: Kunstmuseum und Fondation Beyeler keinesfalls verpassen! Letztere bietet zusätzlich zu ihrer berühmten Sammlung Wechselausstellungen, die Besucherinnen und Besucher von nah und fern anziehen. Das dem Schweizer Maler und Bildhauer Jean Tinguely gewidmete Museum ist ebenfalls einen Besuch wert. Der Künstler hat für Basel einen speziellen Brunnen geschaffen, eine spielerische Anlage, die am Theaterplatz zum Verweilen einlädt.

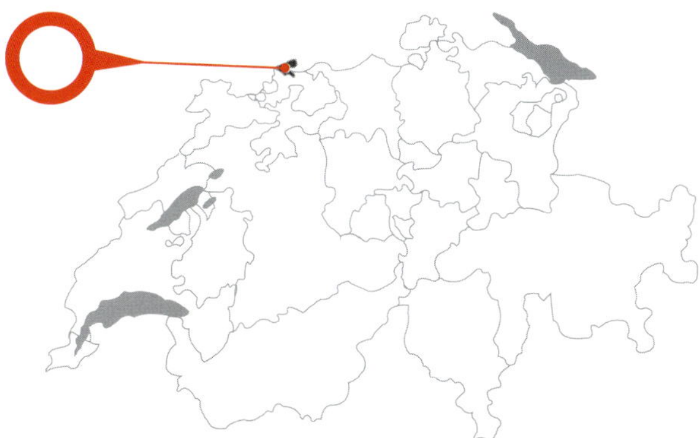

BASEL

Für Feinschmecker: Reservieren Sie einen Tisch auf der Terrasse des Cheval Blanc, eines Restaurants, das viele Preise gewonnen hat und als eines der wenigen Schweizer Restaurants mit drei Michelin-Sternen ausgezeichnet wurde. Zum Aperitif trifft man sich am Rheinufer, auf der Kleinbasler Seite. Im Sommer kann man dort einen Drink auf den aufgestellten Containern schlürfen. Und wer die berühmten Läckerli noch nicht kennt, hat in Basel die Gelegenheit, das lebkuchenartige Gebäck zu probieren.

Was kann man sonst in der Region unternehmen? Das Vitra Design Museum in Weil am Rhein, auf der deutschen Seite, ist international bekannt. Sie haben ein Faible für geschichtsträchtige Mauern und Ensembles? Liestal, der Hauptort des Halbkantons Basel-Landschaft, hat ein malerisches Zentrum, ebenso wie Arlesheim, das für seine barocke Kathedrale bekannt ist. In der römischen Ausgrabungsstätte Augusta Raurica, einem Open-Air-Museum, werden die Besucher in alte Zeiten zurückversetzt. Sportler hingegen folgen dem Ruf der Hügelzüge des Juras, die zum Wandern oder Radfahren einladen.

BASLER FASNACHT

Diese Fasnacht ist angeblich die größte der Schweiz. Sie beginnt eine Woche nach Aschermittwoch, genau um vier Uhr morgens, mit dem »Morgestraich«. Um an den Festlichkeiten teilzunehmen, muss man also früh aufstehen! Drei Tage lang (hierzulande Feiertage) ertönt in den Straßen der Klang der Trommeln und Blasinstrumente der Guggenmusiken, deren Mitglieder verkleidet sind.

Die Teilnehmer des Karnevals tragen groteske Kostüme und Masken, die ihnen einen riesigen Kopf verleihen. So wandern sie inkognito durch die Menge. Als Besucher ist dieses Gewirr von Tönen und Farben ein unvergessliches Erlebnis. Aber Achtung, das Ereignis unterliegt einem strengen Verhaltenskodex: Kommen Sie nur ja nicht verkleidet! Die Tradition will, dass nur die »Cliquen« Kostüme tragen. Sie sind also herzlich willkommen, aber nur als Zuschauer ... dem der Kauf der offiziellen Fasnachtsplakette wärmstens empfohlen wird!

16 DAS ENGADIN

WUNDERSCHÖNES HOCHTAL IM BÜNDNERLAND

Worum es geht: Diese Graubündner Region besteht aus zwei Teilen desselben Tals: Das Oberengadin hat das spektakulärste Antlitz: In der von hohen Gipfeln gesäumten Landschaft liegen traumhafte Bergseen wie der Silsersee. Hier befindet sich auch der berühmte Ferienort St. Moritz. Von Pontresina aus erreicht man die Bernina, den Pass über die imposante Alpenkette in den Süden. Vom Muottas Muragl hat man einen atemberaubenden Blick auf die Gipfel an der Grenze zu Italien. Noch besser kann man diesen auf einer Wanderung entlang des Panoramawegs zur Alp Languard genießen.

Im Unterengadin, dem unteren Teil des Tals, liegt der Zugang zum Schweizerischen Nationalpark. Auf 170 Quadratkilometern erstreckt sich dieses Paradies für Gämsen, Rehe, Murmeltiere ... und Wanderer. Das Unterengadin ist reich an malerischen Dörfern, wie zum Beispiel Guarda. Hier sind die Fassaden mit Reliefbildern, sogenannten *Sgraffiti*, verziert, die auch in anderen Ortschaften wie Zernez oder Scuol zu sehen sind.

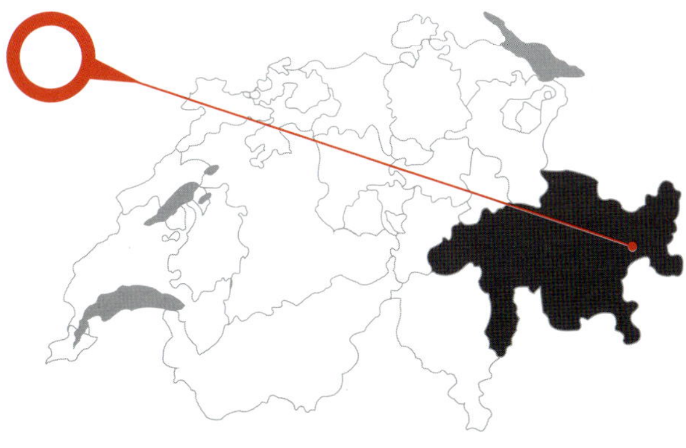

DAS ENGADIN

Wie man hinkommt: Guarda, Scuol und Zernez sind mit dem Zug erreichbar. Zu den Eingängen des Nationalparks gelangt man mit dem Postauto, mit Bussen oder mit dem Auto. Den Gipfel des Muottas Muragl im Oberengadin erreicht man mit einer Standseilbahn.

Die Bündner Haupttäler werden von den roten Zügen der Rhätischen Bahn erschlossen. Einer der bekanntesten ist der Bernina-Express. Er verbindet Chur mit Pontresina, überquert dann die Alpen und fährt nach Tirano in Italien hinunter. Eine Fahrt mit der Rhätischen Bahn bietet spektakuläre Blicke und führt durch unzählige Tunnel und Brücken, nicht zuletzt über den besonders fotogenen Landwasserviadukt.

Was kann man sonst noch in der Gegend unternehmen? Für die Sportlichen: Rafting in den Schluchten von Scuol oder Windsurfen auf dem Silvaplanersee auf fast 1800 Meter über Meer. Zu Jahresbeginn können die Gäste im Oberengadin den traditionellen *»Schlittedas«* beiwohnen, bei der Pferdeschlitten im Mittelpunkt stehen.

Was Spaziergänge in der Natur betrifft, sind die Möglichkeiten fast unbegrenzt, da es Wege für alle Ansprüche gibt. Wer auf Ruhe aus ist, entspannt sich hingegen in einem der Bündner Thermalbäder, beispielsweise dem Bogn Engiadina.

DIE VIERTE LANDESSPRACHE

Neben Deutsch, Französisch und Italienisch hat die Schweiz eine vierte, etwas mysteriöse Landessprache: Rätoromanisch. Diese regionale Sprache wird im Bündnerland gesprochen, das mit dem Schweizerdeutschen und dem Italienischen dreisprachig ist! Das Rätoromanische stammt wie Französisch oder Italienisch vom Lateinischen ab und ist eine romanische Sprache.

Man begegnet dem Rätoromanischen im Engadin auf den Straßenschildern, und wenn Sie genau hinhören, werden Sie mit ein wenig Glück die Melodie der Sprache aufschnappen können … Seit einem Jahrhundert ist das Rätoromanische allerdings auf dem Rückzug. Im Jahr 1910 wurde es von 1,1 Prozent der Schweizer Bevölkerung gesprochen, im Jahr 2014 laut der letzten Volkszählung dagegen von nur noch 0,5 Prozent. Um seinen Gebrauch zu stützen, erhielten die fünf Regionalmundarten in den 1980er Jahren eine gemeinsame Schriftsprache, das Rumantsch Grischun.

17 LAVAUX

WEINBERGE HOCH ÜBER DEM GENFERSEE

Worum es geht: Die von niedrigen Mauern eingefassten, terrassierten Rebberge bieten einen majestätischen Blick auf den Genfersee und die Berge. Sie befinden sich am Hügelzug zwischen Lausanne und Montreux auf einer Fläche von 800 Hektar und sind seit 2007 als UNESCO-Welterbe registriert.

Die Gegend wartet nur darauf, erkundet zu werden: Dank einem 32 Kilometer langen Wegnetz kann man die Rebberge durchstreifen und dazu die Aussicht genießen. Ein guter Einstiegspunkt ist das schöne Dorf Saint-Saphorin mit seinen engen Gassen und Weinbauernhäusern. In den kleinen Gemeinden des Lavaux kann man für eine Weinprobe ungeniert an die Türen der Weinkeller klopfen – oder aber eine Pause in einer Pinte, einem der typischen Restaurants, einlegen.

Wie man hinkommt: Der Ausgangspunkt der Erkundungstour, Saint-Saphorin, ist mit der Eisenbahn oder dem Auto zu erreichen. Ansonsten bieten die kleinen Touristenzüge »Trains des Vignes« Rundfahrten an. In den Lavaux Express steigt man an den Quais von Lutry und Cully zu, in den Lavaux Panorama in Chexbres. Es handelt sich um elektrische Züge wie jene, die in den Städten Touristen herumführen. Eine Reservierung wird empfohlen.

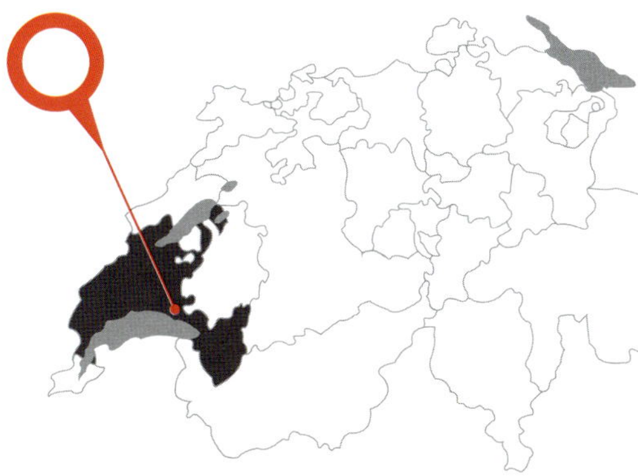

Was kann man noch unternehmen? Man kann zu Fuß oder mit dem Fahrrad einen der sieben Rundwege absolvieren. Wer seine Beine länger vertreten mag, unternimmt die leichte, zwölf Kilometer lange Wanderung von Saint-Saphorin nach Lutry (3 Std. 15 Min.). Unterwegs kann man für eine Weinprobe in einem Weinkeller oder einem Bistro eine Pause einlegen. Und an jeder Weinterrasse verweilt man kurz, um die Landschaft zu genießen ...

Wenn man sich rechtzeitig darum kümmert, ist es auch möglich, einen halben Tag bei einem Winzer zu verbringen, ihm bei der Arbeit zuzusehen oder die Gegend in Begleitung eines Kulturführers zu besichtigen.* Unweit des Lavaux befindet sich auch das Schloss Chillon (siehe Seite 30).

Und was gibt's zu trinken? Der Chasselas ist eine der am häufigsten angebauten Rebsorten im Lavaux. Den daraus gewonnenen Weißwein kann man bei einem der 80 Weingüter probieren, die ihre Türen für Besucher öffnen, oder in den Weinkellern der Weinbaudörfer.

DIE GESCHICHTE DER WEINBERGE

Die terrassierten Rebberge des Lavaux wurden von Benediktiner und Zisterzienser Mönchen geschaffen, die nach und nach das Land rodeten und so der lieblichen Gegend ihre Prägung verliehen. Die erste Erwähnung der »Charmus« genannten Terrassen am Hang findet sich in einem Dokument aus dem Jahr 1331.

Der Vorteil dieser Art des Weinbaus, den man auch um andere Schweizer Seen herum findet, ist, dass die Rebberge von der Spiegelung der Sonnenstrahlen durch das Wasser profitieren. Die Sonneneinstrahlung wird verstärkt und darüber hinaus speichern die Steinmauern um die Parzellen herum die Wärme. Daher sagt man, das Lavaux profitiere von drei Sonnen für den Preis einer einzigen. Zur Erntezeit im Herbst müssen die Trauben wegen des steilen Geländes von Hand geerntet werden, da hier keine Maschinen eingesetzt werden können.

* Infos auf www.lavaux-unesco.ch

the sport clinic
RÉGIE DU MAIL

18 CAROUGE

KÜNSTLERDORF VOR DEN TOREN VON GENF

Worum es geht: Ein Spaziergang durch die Altstadt von Carouge ist ein Abstecher weg vom Trubel der großen Genfer Verkehrsachsen. Wegen ihrer dörflichen Atmosphäre wird diese Stadt im Genfer Ballungsgebiet am linken Ufer der Arve sehr geschätzt.

Die kleinen Straßen mit den niedrigen Häusern warten mit speziellen Geschäften auf. Bouquinisten und Antiquitätenhändler gehen auf Tuchfühlung mit Concept Stores und ihren bunten Schaufenstern. Modeboutiquen und Werkstätten laden in ihre Geschäfte ein, während Restaurants und Bars ihre Tische auf Gehwegen und Plätzen anbieten. Wenn sie japanische Spezialitäten kosten wollen, ab zu Pakú Pakú! Le Flacon nebenan ist ein stilvolles Sterne-Restaurant.

Wollen Sie die Geheimnisse von Carouge entdecken, zum Beispiel verborgene Gärten oder talentierte Handwerker? Im Sommer beginnen jeden Samstagmorgen sechs Thementouren am Rathaus. Wenn Sie auf Schätze aus sind, können Sie auch einen der Flohmärkte besuchen: Jeden ersten Sonntag im Monat, von März bis Dezember, ist es Zeit, auf dem Marktplatz herumzustöbern.

Warum dieses Ziel? Zum Flanieren, zum Brunchen, um abends in eine angesagte Kneipe zu gehen, um in einem der 287 Geschäfte einzukaufen. Auch zum Stöbern, einmal im Monat findet ja ein Flohmarkt statt.

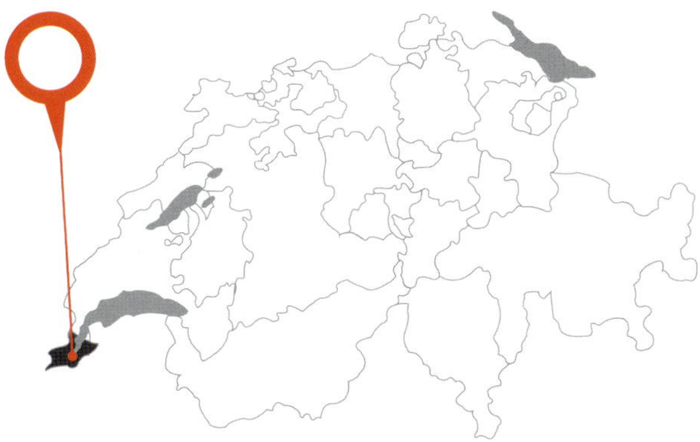

CAROUGE

Wie man hinkommt: Mit der Straßenbahn: Am Bahnhof von Genf nehmen Sie die Linie 12 bis zur Haltestelle Carouge GE, Marché. Ganz einfach.

Was es noch zu sehen gibt: Die Klassiker von Genf natürlich, also der berühmte Springbrunnen und die Altstadt, beide gut mit der Straßenbahn oder dem Bus erreichbar. Und was die Museen betrifft, wartet die Stadt Calvins mit einer ganzen Palette auf. Einen besonders guten Ruf haben das MAMCO und das Ethnographische Museum. Musikliebhaber werfen einen Blick auf das Programm der Opéra des Nations.

Wenn es Nacht wird, warum nicht einen Drink in den »Halles de l'Île« genießen, mitten in der Rhone? Um ein Fondue zu probieren, direkt am See, sollte man sich zum Strandbad »Bain des Pâquis« aufmachen; ebenfalls ein lohnendes Ziel ist das Restaurant »Les Armures« in der Altstadt von Genf.

DIE SARDISCHEN WURZELN VON CAROUGE

Im 18. Jahrhundert gehörte der Weiler zum Königreich Sardinien-Piemont mit Turin als Hauptstadt. Die Behörden beschlossen, ihn auszubauen ... um Genf im Handel Konkurrenz zu machen. Sie engagierten dafür piemontesische Architekten. Diese konstruierten den Ort mit einem regelmäßigen Raster von Gebäudeinseln und ließen sich von den Städten am Mittelmeer inspirieren.

Bignens
ATELIER DE
BIJOUTERIE

19 DER GEMMIPASS

GESCHICHTSTRÄCHTIGE WANDERUNG

Worum es geht: Der Gemmipass ist ein früher viel begangener Pass, der das Wallis und das Berner Oberland verbindet. Der Ort hat etwas Rohes und Wildes; sein Bergsee, der Daubensee, liegt isoliert in einer kahlen Landschaft, die von nackten Felsen dominiert ist. Der klassische Weg führt zu Fuß in 4 Std. 15 Min. von Leukerbad VS nach Kandersteg BE, genau so, wie ihn die Händler einst nahmen!

Man kann aber auch höher hinaus: Eine andere Wanderung führt über einen Gletscher auf den 3200 Meter hohen Gipfel des Wildstrubels. Wenn das Ihr (ehrgeiziges!) Ziel ist, müssen Sie sich allerdings von einem Bergführer begleiten lassen.

Sie wollen Ihre Beine lieber schonen? Es gibt Wanderungen aller Schwierigkeitsgrade mit Rundwegen, die weniger als zwei Stunden dauern. Im Mittelpunkt stehen die saubere Luft und die hervorragende Aussicht auf Gipfel wie das Matterhorn, den Monte Rosa oder die Dent Blanche.

DER GEMMIPASS

Wie man hinkommt: Für diejenigen, die den steilen Weg von Leukerbad aus scheuen, führt eine Seilbahn zum Gemmipass.

Was kann man sonst noch in der Gegend unternehmen? Manche Wege kann man auch mit dem Mountainbike befahren. Für die Wagemutigen ist an einem Felsen in der Nähe der Wildstrubelhütte ein spielerischer Klettersteig angebracht. Wenn es schneit, gehören Ihnen die Skipisten und die Langlaufloipen der Region. Ein schöner Ausflug ist auch die Wanderung oberhalb von Kandersteg zum Oeschinensee, der im Winter sogar zugefroren ist.

In Sachen Kultur bringt ein Volksfest Ende Juli Schafe, Alphörner und die einheimische Bevölkerung um den Daubensee zusammen. Eine weniger abenteuerliche, doch genauso interessante Option, der man das ganze Jahr über frönen kann: Entspannung in den Thermalbädern von Leukerbad.

WANDERN AUF DEN SPUREN DER GESCHICHTE

In der Vergangenheit wanderten die von Maultieren begleiteten Säumer auf der Strecke zwischen Kandersteg und Leukerbad und verbanden so das Berner Oberland mit dem Wallis.

Der Gemmipass ermöglicht es auch Ihnen, sich in dieses Abenteuer zu stürzen! Der Schwierigkeitsgrad dieser Wanderung ist durchschnittlich, sie dauert etwa 4 Std. 15 Min. Nach einem anstrengenden Aufstieg von Leukerbad führt ein Höhenweg dem mitten in einer steinigen Landschaft gelegenen Daubensee entlang. Dann ändert sich die Landschaft auf einmal komplett, und man wandert durch blumenübersäte Alpwiesen.

Der markierte Weg endet an der Seilbahnstation Sunnbüel, von wo aus man nach Kandersteg kommt. Man sollte beachten, dass der Pass von der Walliser Seite aus am eindrucksvollsten wirkt. Aus der Ferne kann man den Weg nicht ausmachen, aber er führt tatsächlich durch die steile Felswand nach oben.

20 DIE RHEINFÄLLE

DER GRÖSSTE WASSERFALL EUROPAS

Worum es geht: In der Nähe von Schaffhausen fällt das Rheinwasser unter großem Getöse 23 Meter tief in ein furioses Wasserbecken. Die äußerst sehenswerten Fälle beeindrucken mit ihrer Breite von 150 Meter und sind bezogen auf das Volumen des Wasser die größten (nicht die höchsten!) in ganz Europa. Jede Sekunde rauschen 600 Kubikmeter Wasser in die Tiefe. Ein Boot bringt die Besucher zu dem hohen Felsen, der aus den Wellen herauslugt. Vorsicht, auf der Fahrt wird es nass!

Von den Aussichtsplattformen auf der zerklüfteten Insel im Herzen des Spektakels kann man die Fälle aus nächster Nähe bewundern. Die beste Zeit für einen Besuch ist der Monat Juli, weil zu dieser Zeit der Wasserstand am höchsten ist und man so einen besonders beeindruckenden Anblick hat.

Zwei Schlösser vervollständigen das Postkartenmotiv, Schloss Wörth am Nordufer und Schloss Laufen am Südufer.

Wie man hinkommt: Zu Fuß von Schaffhausen in eineinhalb Stunden, ganz einfach dem Flusslauf des Rheins entlang. Mehrere Möglichkeiten mit dem Zug: Von Zürich aus gelangt man ab dem Bahnhof Neuhausen Rheinfall direkt zum Nordufer. Am Südufer hält der von Winterthur herkommende Zug (Haltestelle Schloss Laufen am Rheinfall). Mit dem Auto folgt man der Beschilderung nach Neuhausen am Rheinfall (Nordufer) oder nach Dachsen (Südufer).

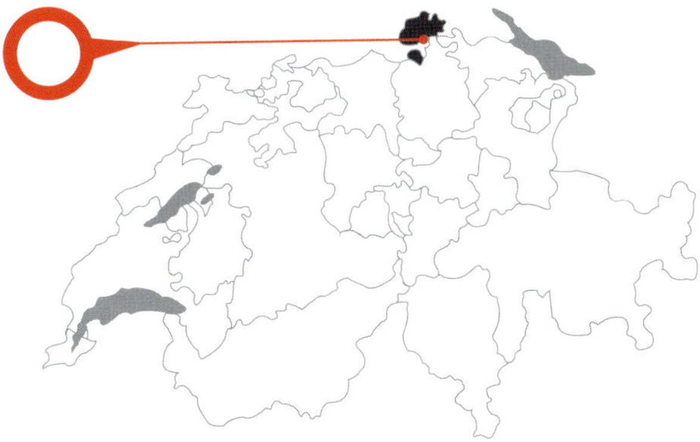

DIE RHEINFÄLLE

Was kann man sonst noch in der Gegend unternehmen? Mieten Sie ein Kanu und paddeln Sie bis zum Fuß der Wasserfälle. Ein Abenteuerpark mit Blick auf dieses Naturschauspiel ist ebenfalls nur wenige Schritte entfernt, dort gibt es Wege für alle Altersgruppen. Schaffhausen und das Kloster Allerheiligen sind einen Besuch wert, ebenso wie das schöne Städtchen Stein am Rhein.

Sehenswürdigkeiten rund um den Bodensee

Eine weitere gute Idee: Fahren Sie bis zum Bodensee, der an der Grenze zwischen der Schweiz, Deutschland und Österreich liegt. Mit einer Schifffahrt auf dem Rhein gelangt man von den Rheinfällen nach Schaffhausen und dann weiter bis zum Bodensee.

Neben den hübschen Städten am Ufer des Sees findet man auf der deutschen Seite unweit von Konstanz die malerische Blumeninsel Mainau. In Unteruhldingen können Sie die Rekonstruktion eines Stelzendorfes aus der Jungsteinzeit besuchen!

DEM RHEIN ENTLANG … MIT DEM FAHRRAD

Der auf 2345 Meter über Meer gelegene Tomasee in den Bündner Alpen wird als Quelle des Rheins betrachtet. Der Fluss ist dort nur ein kleiner Bach, der den Berg hinunterplätschert … Dort beginnt auch der Eurovelo 15, ein abwechslungsreicher Radweg, der den Strom durch vier Länder bis an die Nordsee begleitet. Der erste, 230 Kilometer lange Abschnitt folgt dem Rhein von seiner Quelle bis zum Bodensee.

Die anspruchsvolle Radwanderung beginnt in Andermatt und führt zunächst auf den Oberalppass. Der Weg führt durch eine ganze Palette von Landschaften, unter anderem durch die Surselva und die als »Schweizer Grand Canyon« bezeichnete Rheinschlucht. Anschließend führt er durch die Weinregion der Bündner Herrschaft und das Rheindelta und endet schließlich am Ufer des Bodensees. Die folgende Etappe des Eurovelo 15 führt an den Wasserfällen vorbei nach Basel.

21 GRINDELWALD

BERGPANORAMA IM HERZEN DES BERNER OBERLANDS

Worum es geht: Das Dorf Grindelwald liegt im Herzen einer grandiosen Berg- und Gletscherkulisse auf mehr als 1000 Meter über Meer. Mit Seil- oder Zahnradbahnen hat man Zugang zu einem fantastischen Blick auf das Berner Oberland. Zu den bekanntesten Gipfeln, die man hier bestaunen kann, gehören Jungfrau, Eiger, Mönch und Wetterhorn.

Das Hauptziel in der Region bleibt das Jungfraujoch, das auch den Beinamen »Dach Europas« trägt. Der mit der Zahnradbahn erreichbare Endbahnhof auf dem Jungfraujoch befindet sich auf 3454 Meter über dem Meeresspiegel. Oben angekommen kann man die Panoramaterrasse mit einer postkartentauglichen Aussicht genießen. Wer sich die Beine vertreten und sich auf den Gletscher wagen möchte, muss mit gutem Schuhwerk ausgerüstet sein. Auf einer 45-minütigen Wanderung kann man im Schnee spielen, selbst im Sommer!

Sind Sie auf der Suche nach einer Alternative, um hoch hinaus zu kommen? Steigen Sie in die Seilbahn, die auf das Schilthorn fährt. Die Aussicht von dort oben, auf 2971 Meter Höhe, ist nicht weniger beeindruckend.

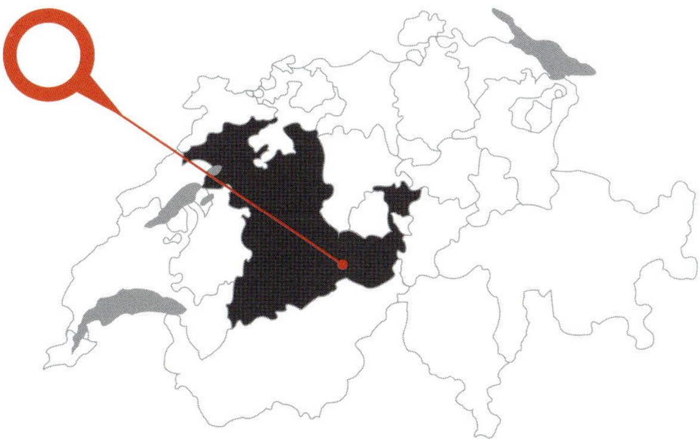

GRINDELWALD

Wie man hinkommt: Eine Zahnradbahn fährt von der Kleinen Scheidegg aus durch einen steilen Tunnel zur Senke zwischen Eiger und Jungfrau. Unterwegs bietet sich dem Reisenden ein Blick auf den Eigergletscher.

Was kann man sonst noch in der Gegend unternehmen? Verlieben Sie sich in die Region Interlaken zwischen dem Thuner- und dem Brienzersee. Wandern Sie durch das enge Tal von Lauterbrunnen, wo 72 romantische Wasserfälle die Aufmerksamkeit auf sich ziehen. Nehmen Sie den Weg durch die Schlucht des Unteren Grindelwaldgletschers unter die Füße. Nur dank den vielen Brücken und Tunnel wird eine Wanderung in dieser felsigen Landschaft überhaupt erst möglich!

Im Winter ist Grindelwald auch ein Skigebiet mit langen Rodelbahnen. Etwas ungewöhnlicher: Der Ort ist auch Gastgeber der »Velogemel«-Weltmeisterschaft ... an der auf einer Art Schneefahrrad um Sekunden gekämpft wird.

EIN ALPINER BOTANISCHER GARTEN

Eine ungewöhnliche Attraktion erwartet die Besucher auf der Schynigen Platte, die man mit einer Zahnradbahn im Retrolook erreicht. Neben einem von den Alpen dominierten Blick auf die Umgebung, liegt hier auch ein unvergleichlicher botanischer Garten.

Das alpine Ökosystem beherbergt 600 Arten von Alpenpflanzen, rund zwei Drittel der Schweizer Bergflora. Die meisten blühen im Sommer und das ist auch der beste Zeitpunkt, um den botanischen Garten zu besuchen. Wenn man auf den kurzen, leicht zugänglichen Wegen herumspaziert, kann man sich die Namen einiger der mit Etiketten markierten Pflanzen einprägen. Eine weitere Attraktion der Schynigen Platte: Vom Rundweg auf dem Gipfelgrat hat man eine schöne Sicht auf den Brienzersee.

CAI
CAI
FREITAG
TIPHOOK
OOCL
NO ENTRY

22 ZÜRICH
KULTUR UND SHOPPING AM WASSER

Worum es geht: Als größte Stadt der Schweiz und Wirtschaftszentrum des Landes wird Zürich auch diejenigen verführen, die das Luxus-Shopping auf der berühmten Bahnhofstrasse verschmähen. Die Kulturstätten konkurrieren mit dem Nachtleben und das historische Zentrum hat einen unwiderstehlichen Charme.

Der hübscheste Stadtteil ist das Niederdorf, von den Zürchern liebevoll »Dörfli« genannt. Es liegt im Herzen einer von der Limmat geteilten Altstadt mit autofreien Gassen und pittoresken Fassaden. Das Zentrum kann man leicht zu Fuß erkunden oder – noch origineller – auf einer Bootsfahrt. Mit Sihl, Limmat und Schanzenkanal sind die Wasserläufe durchaus ein prägendes Element der Stadt am Ende des Zürichsees.

Die zwei besten Aussichtspunkte auf die Stadt sind der Lindenhof und die Türme des Großmünsters. Am Limmatufer direkt gegenüber befindet sich das Fraumünster, das für die von Marc Chagall gemalten Glasfenster berühmt ist, und das man unbedingt besuchen sollte. In der Altstadt stößt man auch auf das Cabaret Voltaire, einen im Jahr 1916 gegründeten avantgardistischen Veranstaltungsort, von dem aus sich die Dada-Bewegung verbreitete. Heute ist das Cabaret Voltaire ein Kulturzentrum mit Bar.

Wie man hinkommt: Am besten per Bahn und Straßenbahn. Die Stadt verfügt außerdem über zehn große Parkgaragen, wo man sein Fahrzeug abstellen kann.

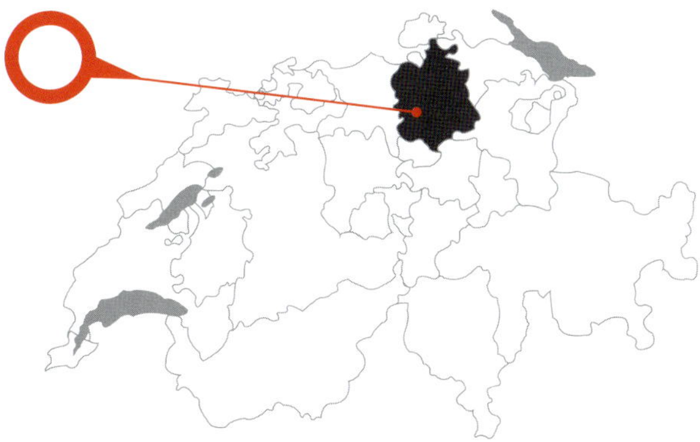

ZÜRICH

Was kann man sonst noch in der Stadt unternehmen? Flanieren Sie auf der Promenade am Ufer des Zürichsees und genießen Sie die Terrassen entlang den Gewässern der Stadt. Zum Beispiel, um sich nach der Arbeit einen Drink am Pool der Rimini-Bar zu genehmigen. Etwas Alternativeres? Fahren Sie nach Zürich-West, in das ehemalige Industrieviertel, das sich zum In-Viertel entwickelt hat. Shoppen Sie in den Geschäften des Viadukts, besteigen Sie den Freitag-Turm (das Geschäft mit den berühmten Taschen aus recyceltem Material) und genießen Sie die entspannte Atmosphäre inmitten einer urbanen Brache in Frau Gerolds Garten.

Sie suchen nach Eleganterem? Fahren Sie zur obersten Etage des Prime Towers und genießen Sie einen Cocktail in den Wolken! Techno-Fans dagegen sollten auf keinen Fall die jährlich im August stattfindende Street Parade mit ihren Lovemobiles, ihren Dezibels und ihrer karnevalartigen Atmosphäre verpassen.

MUSEEN UND ENTSPANNUNG IN ZÜRICH

Zürich hat unzählige Museen, darunter das erstaunliche MuDa. Dieser Ort der digitalen Kunst baut Brücken zwischen Kreativität und Technologie und ästhetisiert Zahlen und Algorithmen zur größten Freude aller Geeks. Lust auf Outdoor-Aktivitäten? Der große Zürcher Zoo, ein Klassiker, wird die Kinder begeistern. Am Zürichhorn befindet sich eine Besonderheit von exotischer Schönheit: Der Chinagarten, ein Kleinod in reinster chinesischer Tradition, ist ein Geschenk der Stadt Kunming.

Für Entspannung unter jahrhundertealtem Steingewölbe sollte man sich in das Thermalbad und Spa Zürich begeben, das sich in der ehemaligen Brauerei Hürlimann befindet. Verpassen Sie den Blick von der Dachterrasse des Bads nicht!

DER FLOHMARKT VON ZÜRICH

Der seit 1971 bestehende Flohmarkt ist eine wahre Institution in Zürich. Auf dem Flohmarkt am Bürkliplatz verstecken sich zwischen viel Krimskrams kleine Schätze. Man muss ein gutes Auge haben, um sein Glück zu finden, wenn man sich durch die 400 bis 500 Stände am Bürkliplatz wühlt.

Geschirr, Möbel, Modeaccessoires oder Gegenstände für Puppenhäuser reihen sich an Imbissbuden. Der Flohmarkt findet zwischen Mai und Oktober jeden Samstag von neun bis sechzehn Uhr statt.

TI 20578
TI-2748

23 GANDRIA & MORCOTE

TYPISCHE ORTE AM LUGANERSEE

Worum es geht: Gandria und Morcote sind zwei malerische Dörfer am Luganersee, der auf Italienisch auch Ceresio genannt wird. Gandria ist ein hängendes Dorf am Fuß des Monte Brè und gehört zur Stadt Lugano. Mit seinen engen Gassen und malerischen Häusern hat das Dorf einen ganz besonderen Charme! Sein romantisch verwinkeltes Zentrum kann man zu Fuß besichtigen, weil es für den Verkehr gesperrt ist. Was man sich unbedingt auch ansehen sollte, sind die Innenhöfe, die Arkaden und die kleinen, steilen Treppen sowie die Kapelle San Rocco aus dem Jahr 1645.

Gandria liegt an der Grenze zu Italien, was die Geschichte des Dorfes geprägt hat: Einst wurde es von Schmugglern heimgesucht! Jahrzehntelang trotzten sie den Zollbeamten der Region – abenteuerliche Zeiten, die im Zollmuseum in der ehemaligen Kaserne der Grenzposten präsentiert werden.

Morcote, mit dem Spitznamen »Perle des Ceresio«, ist ein altes Fischerdorf, das sich eine halbe Stunde von Gandria entfernt befindet. Von seinem Hafen aus kann man die mit Fresken geschmückten Fassaden der Herrenhäuser bewundern, zum Beispiel den Palazzo Paleari. Authentische Gassen mit üppiger subtropischer Vegetation – im Scherrerpark perfekt in Szene gesetzt. Was man vor Ort bewundern kann: die Laubengänge der alten Patrizierhäuser, die Kirche Santa Maria del Sasso, die monumentale Treppe sowie den Turm des Kapitäns.

GANDRIA & MORCOTE

Wie man hinkommt: Nach Gandria gelangt man mit dem Schiff ab Lugano oder zu Fuß über die Seepromenade. Wenn man mit dem Auto anreist, muss man es auf einem der Parkplätze außerhalb des Ortskerns abstellen, da dieser für den Verkehr gesperrt ist. Morcote ist mit den öffentlichen Verkehrsmitteln in einer guten halben Stunde von Lugano aus erreichbar oder in 50 Minuten mit dem Boot ab Gandria.

Was kann man sonst noch in der Gegend unternehmen? Auf den Monte San Salvatore steigen und die Aussicht dort genießen ... und dann das Dorf Carona mit seinen bunten Bürgerhäusern besuchen. Oben einen Spaziergang durch den botanischen Garten von San Grato machen. In einem Grotto essen gehen, diesen typischen Gasthäusern, die manchmal nur zu Fuß oder mit dem Boot zu erreichen sind! Wenn man mit Kindern unterwegs ist, kann man die Swissminiatur-Anlage besuchen, wo die Sehenswürdigkeiten des Landes im Kleinformat nachgebaut sind. Und natürlich sollte man der Stadt Lugano einen Besuch abstatten.

AM MONTE BRÈ

Nach einem Besuch in Gandria am Fuß des Monte Brè kann man auch noch dessen Gipfel erklimmen. Aus einer Höhe von 925 Meter ist die Aussicht auf den Luganer See atemberaubend. Von hier aus kann man auch den Monte San Salvatore bewundern, das Wahrzeichen der Region, dessen Form an eine Miniaturkopie des Zuckerhuts in Rio erinnert!

Um den Gipfel des Monte Brè zu erreichen, steigen Sie in Cassarate, einem Stadtteil von Lugano, in die Standseilbahn. Unterwegs hält die Bahn auch in dem kleinen Dorf Brè, das seine Authentizität bewahrt hat. Von hier aus ist es möglich, zu Fuß über den Natur- und Archäologiepfad nach Gandria abzusteigen. Aber Vorsicht, der Weg ist steil!

24 CAUMASEE

TÜRKISBLAU INMITTEN VON NADELBÄUMEN

Der Caumasee liegt in der Nähe von Flims in Graubünden auf 1000 Meter über Meer und ist ein Paradies für Wanderer und Schwimmer. Im Sommer hüpfen selbst die Verfrorensten in das türkisfarbene Wasser, das dann eine Temperatur von 20 bis 24 Grad erreicht. Der See ist umgeben von Nadelwäldern und erhält einen besonderen Akzent durch eine kleine, bewaldete Insel.

Tretbootfahren, Sonnenbaden oder Spaziergänge: die Umgebung des Sees lädt zu Entspannung und Familienaktivitäten ein. In einem Restaurant kann man auch etwas zu essen kaufen, wenn man vergessen hat, ein Picknick einzupacken. Der Zugang zum Badebereich ist kostenpflichtig.

Wie man hinkommt: Von Flims aus fährt man mit dem Postauto oder dem »Flims Laax Falera Shuttle« bis zur Haltestelle Flims, Waldhaus. Hier befindet sich auch ein Autoparkplatz. Von da sind es nur noch zehn Minuten zu Fuß durch den Wald bis zum Ufer des Sees - und schon kann man in das türkisblaue Nass tauchen.

CAUMASEE

Was kann man in der Gegend von Flims sonst noch unternehmen? Sie haben immer noch Lust auf Schwimmen? Begeben Sie sich zum Crestasee, der für sein klares Wasser bekannt ist, in dem sich die umgebenden Wälder und Gipfel spiegeln. Mit dem Fahrrad können Sie die vielen Wege in der Umgebung erkunden.

Im Hochseilpark in Prau la Selva können Kinder Tarzan spielen. Sie suchen eine paradiesische Wanderung? Dann sollten Sie dem Pfad »Trutg dil Flem« folgen, der dem Fluss Flem ab seiner Quelle im Dorf Segnesboden auf einer Strecke von dreizehn Kilometern folgt. Auf dem Weg stößt man auf einen Wasserfall und eine vom Fluss geformte Schlucht.

BÜNDNER SPEZIALITÄT: DIE CAPUNS

Eine Besonderheit des Kantons Graubünden, die man unbedingt kosten sollte, sind die Capuns. Diese Fleischbällchen aus Trockenfleisch oder Wurst sind in Mangold verpackt! Das ist das Grundprinzip, das es dann in Dutzenden Rezeptvariationen gibt, welche auch je nach Familientraditionen variieren.

Verschiedene Kräuter werden zum Verfeinern der Capuns verwendet, zum Beispiel Minze, Schnittlauch oder Petersilie. Manchmal wird auch Käse oder Rahm beigefügt. Also zögern Sie nicht, sie zu kosten ... mehrmals und an verschiedenen Orten, versteht sich!

25 RIEDERALP

BLICK AUF DAS MATTERHORN UND DEN ALETSCHGLETSCHER

Worum es geht: Riederalp ist ein Ferienort im Wallis auf rund 2000 Meter über Meer, oberhalb des Rhonetals. Von dort oben hat man eine grandiose Aussicht auf die Alpen, nicht zuletzt auf den berühmtesten Gipfel der Schweiz, das Matterhorn.

Eine weitere Sehenswürdigkeit ist der Panoramaweg mit Blick auf den Aletschgletscher. Von den Aussichtspunkten aus blickt aus allen möglichen Perspektiven auf diesen beeindruckenden Eisfluss hinab. Man kann den Weg in Riederalp beginnen oder in den Nachbarorten Belalp, Bettmeralp und Fiescheralp.

Im Sommer ist die Riederalp ein idealer Ausgangspunkt für Wanderer; in der kalten Jahreszeit haben die Wintersportler ihre Freude am ausgedehnten Skigebiet.

Wie man hinkommt: Die Riederalp ist insofern ein spezieller Ort, als sie autofrei ist. Das Fahrzeug lässt man auf dem Talboden in Mörel unweit von Brig stehen; die Seilbahn bringt einen in zehn Minuten ins Bergdorf.

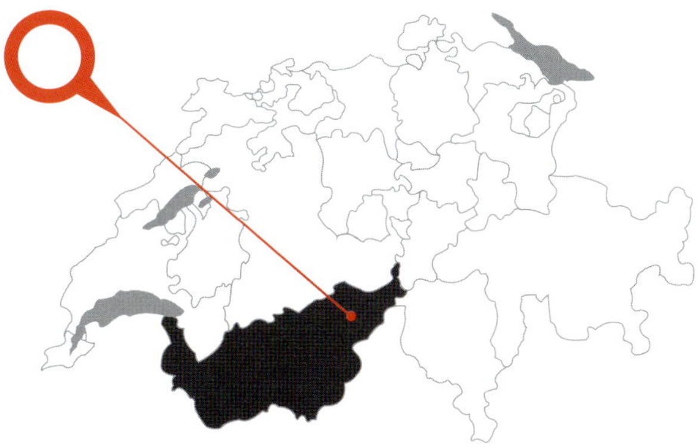

RIEDERALP

Von wo aus kann man den Aletschgletscher bewundern? Auf der Riederalp steigt man in eine Gondel zur Moosfluh. Von dort oben bietet ein sechs Kilometer langer Wanderweg einen beeindruckenden Blick auf den Aletschgletscher. Alternativ kann man mit der Seilbahn auf das Bettmerhorn fahren. Auf dem Gipfel erwartet einen eine doppelte Belohnung: ein Blick auf den Aletschgletscher auf der einen und in das Rhonetal auf der anderen Seite.

Was kann man sonst noch in der Gegend unternehmen? Das Binntal im Oberwallis lädt zur Entdeckungstour durch einen wilden Landstrich ein, wo Mineraliensucher gerne unterwegs sind. Unweit der Riederalp bietet sich eine Hängebrücke hinüber auf die Belalp für eine Überquerung an - doch sollte man nicht in die Tiefe unter seinen Füssen blicken ... Die Brücke überspannt nämlich die 80 Meter tiefe Schlucht des Flusses Massa. Wer nicht schwindelfrei ist, lässt das »Abenteuer« vielleicht besser sein. Wenn man sich für Folklore begeistert, dann sollte man das große Älplerfest am ersten Sonntag im August auf der Riederalp besuchen. Und im Winter? Genießen Sie die Skipisten und die Winterwanderwege. Liebhaber von Langlaufloipen nehmen Kurs auf den obersten Teil des Rhonetals, das Goms.

DER ALETSCHGLETSCHER

Der majestätische Aletschgletscher ist mit seiner beeindruckenden Ausdehnung der größte Gletscher der Alpen. Er ist 23 Kilometer lang und besteht aus 27 Milliarden Tonnen Eis. Aber das ist noch nicht alles! Rund um den Gletscher herum ist die Biodiversität in diesem von Extremen beeinflussten Lebensraum unvergleichlich hoch.

Die Region Jungfrau-Aletsch-Bietschhorn gehört im Übrigen zum Weltkulturerbe der UNESCO. Um einen Spaziergang zwischen den ältesten Bäumen der Schweiz zu machen, sollte man sich in den Aletschwald begeben, der aus Lärchen und Arven besteht. Am Fuß des Gletschers liegt der aus dem Schmelzwasser entstandene Märjelensee. Mehr Informationen über die seltenen Tier- und Pflanzenarten der Region findet man im Pro-Natura-Zentrum in der Villa Cassel, nur eine halbe Stunde zu Fuß von der Riederalp entfernt. Man kann dort auch übernachten. Als Bonus liegt nebenan ein Alpengarten.

26 RADTOUR AM SEE

ENTLANG DES THUNER- UND BRIENZERSEES

Worum es geht: Diese Fahrradroute führt von Spiez nach Meiringen, erst den Thuner- und ab Interlaken den Brienzersee entlang. Auf der Tour hat man einen wunderbaren Blick auf die blauen Seen mit den Bergen des Berner Oberlands im Hintergrund.

Unterwegs muss man unbedingt eine Pause zum Baden und für ein Picknick einlegen! Die Fahrt dauert etwa vier Stunden und erstreckt sich über 47 Kilometer bei einem Höhenunterschied von 400 Metern. Der gut ausgeschilderte Weg ist ein Abschnitt der Seen-Route 9 vom Genfersee ... zum Bodensee!

Wie man hinkommt: Die Radroute beginnt am Bahnhof in Spiez. In der Schweiz ist es in der Regel möglich, das eigene Fahrrad im Zug mitzunehmen, wenn man ein Sonderticket löst. Andernfalls kann man über die Website rentabike.ch einen Drahtesel an einer Bahnstation anmieten und ihn nach der Tour an einer anderen Station zurückgeben.

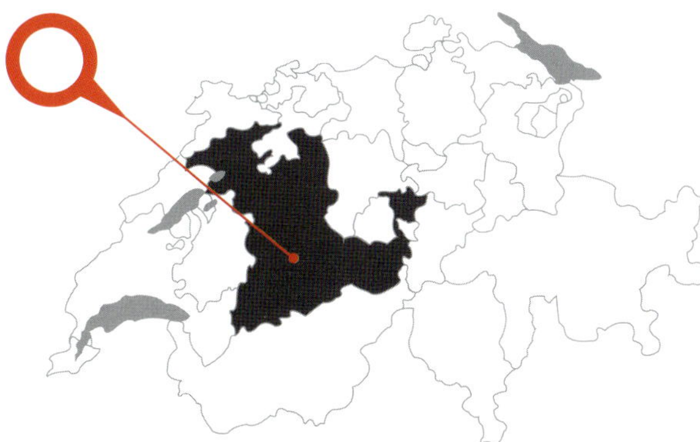

Was kann man sonst noch in der Gegend unternehmen? Lust auf Wasser? Dann machen Sie einen Ausflug in die Aareschlucht bei Meiringen oder zu den Reichenbachfällen. Oder planen Sie eine Bootsfahrt auf dem Brienzersee in einem restaurierten Dampfschiff ein.

Mit Kindern unterwegs? Entdecken Sie mit der Familie die Geheimnisse der Welt im JungfrauPark Interlaken oder spielen Sie Detektiv im Sherlock-Holmes-Museum in Meiringen.

IM INNERN DER BERGE

Am Ufer des Thunersees kann man sich auch ins Erdinnere wagen: Die Beatushöhlen am Nordufer des Sees wurden für Besucher hergerichtet, so dass man sie auf einem Abschnitt von einem Kilometer Länge besichtigen kann. Die übrigen vierzehn Kilometer des Höhlensystems sind für die Öffentlichkeit nicht zugänglich.

In der Höhle kann man in einer aus der Zeit gefallenen Umgebung unterirdische Wasserfälle sowie Stalaktiten und Stalagmiten bewundern. Als Zugabe kann man dort die Klause des irischen Mönchs Beatus besichtigen, der der Legende nach einen wilden Drachen aus der Höhle verjagte. Zu sehen sind auch eine prähistorische Stätte und das Höhlenmuseum, das der Geschichte der Höhlenforschung gewidmet ist. Die Höhle ist von Ende März bis Ende Oktober geöffnet; man kann sie individuell oder im Rahmen einer 75-minütigen Führung besichtigen. Achtung, Kälteschockgefahr: Die Temperatur schwankt zwischen lediglich 8 und 10 Grad!